カラーガイド

九州の巨樹

100の絶景 2

熊本広志

大杵社の大杉（大分県）

海鳥社

一本の木に出会う旅

「幼い頃の想い出は？」と聞かれたら、何と答えますか。

田舎で育った私は、田んぼや河原で遊び、虫や魚を獲り、日が暮れるまで泥まみれになって遊んだこと。私と同世代の誰もがそう答えるかもしれません。

中でも、木登りにチャレンジし、手が届かないほどの大きな木にしがみついた記憶は忘れられません。木という存在を、高いところまで登りつめる身近な目標として見上げていたのかもしれません。

〝水と緑〟をテーマに九州全土の滝を巡った時、渓谷に立つ巨木林を見つめては幼い頃に思いを馳せ、幼いもう一人の小さな自分が、そこにいるような錯覚を覚えました。いつまでも電車や汽車を追いかけて、撮影を楽しむ中高年の人たちが多いのも、そんなノスタルジックな想いからなのでしょう。

１９８８年に環境庁（現環境省）により「地上から１・３mの幹周りが３m以上の樹木」が「巨樹」の定義と定められ、同年と２０００年の2度にわたり全国6万８０００本ものデータを集め初めての「全国巨樹・巨木林調査」が行われました。巨木林と言えば、毎日のようにＴＶ、マスコミに登場する屋久島を思い浮かべる方も多いと思いますが、この上位調査結果を見ると、実に半数近くが九州本土に生きているのです。しかも、車といわず自転車や徒歩でも行ける身近な所にも、縄文杉クラスの巨樹が存在すると言ったら、あなたは信じますか？

私がよく通った福岡県前原市の白糸の滝の前に、「万龍楓」という古木が立っています。

撮影時は滝を背景に、天に昇るような古木に向かって何度もシャッターを切りました。

ところが、２００４年の台風16号が無残な姿に変えてしまったのです。この台風は、その直前にあの「一心行《いっしんぎょう》の桜」の一部を、樹形が変わるほどにへし折り北上したのです。

命あるもの、いつかは朽ちていきます。しかし、最近では年々大型化する台風や異常気象、生態系の変化など、人災と言わざるを得ない原因で、その寿命を全うできずに次々に倒れていくのが現状です。そして、尊い命を絶やしてはいけないと、代々守り続けてきた人たちの懸命な努力、歴史も見過ごすことができません。

さあ、会いに行きましょう。辛いことや苦しいこと、楽しかったことも巨樹たちに語りかけて下さい。そこを動けず悠久の年月を耐え忍び、人類の祖先たちを見続けてきた巨樹たちに、畏敬の念をこめて接してほしい。きっと大きな包容力で優しく迎えてくれることでしょう。

そこで皆さんにお願いがあります。どうか心無い行動は慎んで下さい。これくらい、と思うことが巨樹たちの寿命に終わりを告げさせることになりかねません。傷つければ、もっと大きな代償を我々地球上の生命体が背負うことになるでしょう。

それでは、タイム・トリップ――感動の出会い旅、気をつけて行ってらっしゃい。

熊本広志

[数字①は地図内❶との対照用の滝番号]

一本の木に出会う旅……2

*

福岡県の巨樹

① 櫛田《くしだ》の銀杏《ぎなん》……8
② 東長寺《とうちようじ》の一本桜……10
③ 飯田《いいだ》屋敷の大銀杏……11
④ 太宰府天満宮のクス……12
⑤ 湯蓋《ゆぶた》の森……14
⑥ 衣掛《きぬかけ》の森……16
⑦ 大悲王院《だいひおういん》の楓……18
⑧ 下古毛《しもこも》のクス……20
⑨ 隠家《かくれが》の森……21
⑩ 恵蘇八幡宮《えそはちまんぐう》の大クス……22
⑪ 水神社《すいじんじや》の大クス……23
⑫ 祇園社《ぎおんしや》の大クス……24
⑬ 安長寺《あんちようじ》の大クス……25
⑭ 山内《やまうち》のチシャノキ……26
⑮ 津江神社《つえじんじや》のクス……27
⑯ 黒木《くろき》の大藤……28
⑰ 桁山《けたやま》の榧《かや》の木……30
⑱ 宮地嶽神社《みやじだけじんじや》の寒緋桜《かんひざくら》……31
⑲ 才尾《さいお》の一本桜……32
⑳ 浅井《あさい》の一本桜……34

佐賀県の巨樹

㉑ 武雄《たけお》の大クス……36
㉒ 塚崎《つかさき》の大クス……38
㉓ 川古《かわご》の大楠……39
㉔ 舞鶴公園のホルトノキ……40
㉕ 鏡神社《かがみじんじや》のスギ……41
㉖ 下合瀬《しもおおせ》の大カツラ……42
㉗ 有田《ありた》の大イチョウ……44
㉘ 東山代《ひがしやましろ》の明星桜《みようじようざくら》……46
㉙ 青幡神社《あおはたじんじや》の大クス……47
㉚ 熊野大権現社《くまのだいごんげんしや》のスダジイ……48
㉛ 嬉野《うれしの》の大茶樹……49
㉜ 弁財天《べんざいてん》シャクナゲ……50
㉝ 宝珠寺《ほうしようじ》の姫枝垂桜《ひめしだれざくら》……52
㉞ 白角折神社《おしとりじんじや》のクス……54

長崎県の巨樹

[長崎の暑い夏]……56
㉟ 山王神社《さんのうじんじや》の大クス……58
㊱ 小長井《こながい》のオガタマノキ……60
㊲ 女夫木《めおとぎ》の大杉……61
㊳ 諫早神社《いさはやじんじや》のクス……62
㊴ 長栄寺《ちようえいじ》のヒイラギ……63
㊵ 松崎《まつざき》の大楠……64
㊶ 熊野神社のクスとムク……66
㊷ 東漸寺《とうぜんじ》の大楠……68
㊸ 藤山神社《ふじやまじんじや》の大藤……69
㊹ 田《た》の頭《かしら》の枝垂桜……70

大分県の巨樹

㊺ 柞原八幡宮《ゆすはらはちまんぐう》のクス……72
㊻ 大杵社《おおごしや》の大杉……74
㊼ 男池《おいけ》のケヤキ……76
㊽ 松屋寺《しようおくじ》の蘇鉄……78
㊾ 魚見桜《うおみざくら》……80
㊿ 菅原《すがわら》の大カヤ……81
(51) 高塚地蔵《たかつかじぞう》のイチョウ……82
(52) 叢雲《むらくも》の松……83
(53) 大原《おおはら》のシダレザクラ……84
(54) 山蔵《やまぞう》のイチイガシ……86
(55) 西椎屋《にししいや》の大イチョウ……87
(56) 光円寺《こうえんじ》のシダレザクラ……88
(57) 深泉寺《じんせんじ》のシダレザクラ……92

熊本県の巨樹

(58) 藤崎台《ふじさきだい》のクスノキ群……94
(59) 寂心《じやくしん》さんのクス……96
(60) 田原坂《たばるざか》公園の大クス……100
(61) 相生《あいおい》の椋と榎……101
(62) 村吉《むらよし》の天神さん……102
(63) 将軍木《しようぐんぼく》……104
(64) 妙蓮寺《みようれんじ》の樟……105
(65) 大野下《おおのしも》の大ソテツ……106
(66) 鉾納社《ほこのみや》の夫婦杉……107
(67) 下城《しもじよう》の大イチョウ……108
(68) 阿弥陀杉《あみだすぎ》……112
(69) 竹《たけ》の熊《くま》の大ケヤキ……113
(70) 一心行《いつしんぎよう》の大桜……114
(71) 高森殿《たかもりどん》のスギ……116
(72) 草部吉見神社《くさかべよしみじんじや》の大杉……118
(73) 麻生原《あそばる》のキンモクセイ……119
(74) 池尻《いけじり》の唐傘松《からかさまつ》……120
(75) 野尻《のじり》の大ケヤキ……122

宮崎県の巨樹

(76) 高千穂神社の秩父杉《ちちぶすぎ》……124
(77) 下野八幡宮《しものはちまんぐう》のケヤキ……126
(78) 八村杉《やむらすぎ》……128
(79) 大久保のヒノキ……129
(80) 高鍋《たかなべ》の大クス……130
(81) 妻《つま》のクス……132
(82) 上穂北《かみほきた》のクス……133
(83) 大坪《おおつぼ》の一本桜……134
(84) 竹野《たけんの》のホルトノキ……136
(85) 去川《さるかわ》のイチョウ……137
(86) 清武《きよたけ》の大クス……138
(87) 内海《うちうみ》のアコウ……140
(88) 富土《ふと》のアコウ……141
(89) 東郷《とうごう》のクス……142

鹿児島県の巨樹

(90) 出水《いずみ》の大クス……144
(91) 大川《おおかわ》のしだれ紅梅……146
(92) 奥十曽《おくじつそ》のエドヒガン……148
(93) 永利《ながとし》のオガタマノキ……150
(94) 霧島メアサ……151
(95) 蒲生《かもう》の大クス……152
(96) 志布志《しぶし》の大クス……154
(97) 塚崎《つかざき》の大クス……158
(98) 南蛮船係留《なんばんせんけいりゆう》の大クス……160
(99) 川辺《かわなべ》の大クス……161
(100) 報国神社《ほうこくじんじや》のアコウ……162
番外編① 幸招《こうしよう》大楠……163
番外編② 想い出の巨樹……164
日本の巨樹ランキングTOP50……166
そして…旅はまだ続く……167

索引図

山口県
福岡県
佐賀県
長崎県
大分県
熊本県
宮崎県
鹿児島県
美祢
山口
防府
周南
光
山陽
宇部
下関
北九州
小倉
遠賀
黒崎
宗像
九州道
古賀
直方
行橋
みやこ
篠栗
飯塚
田川
福岡
前原
太宰府
嘉麻
添田
中津
宇佐
豊後高田
国東
唐津
三瀬
鳥栖
朝倉
東峰
杵築
平戸
松浦
伊万里
佐賀県
神埼
久留米
日田
玖珠
大分道
別府
多久
長崎道
由布
大分
有田
武雄
大川
八女
黒木
小国
東九州道
臼杵
津久見
佐世保
柳川
鹿島
南関
山鹿
阿蘇
竹田
豊後大野
佐伯
東彼杵
大牟田
菊池
西海
玉名
大村
雲仙
諫早
熊本
島原
北川
山都
宇城
宇土
高千穂
上天草
延岡
諸塚
苓北
八代
椎葉
天草
日向
五木
湯前
西米良
水俣
長島
人吉
都農
西都
出水
大口
えびの
小林
高鍋
阿久根
さつま
宮崎
薩摩川内
姶良
宮崎道
いちき串木野
霧島
都城
日置
鹿児島
曽於
日南
志布志
垂水
大崎
串間
南さつま
知覧
鹿屋
肝付
枕崎
指宿
錦江
南大隅

＊冒頭に申し上げたように、〝巨樹〟の定義は「地上から1・3mの幹周りが3m以上の樹木」とされていますが、本書では、その樹種の中での巨木、古木として多種多様に紹介しました。掲載した写真のほとんどは、本書発行前2年間に撮影した最新の状況です。

＊案内の地図や所在地、交通ルートについては、最新版の地図帳やインターネット情報を元に、各管轄行政機関に問い合わせ確認して掲載しました。

＊一本桜やイチョウなどは、参考のため撮影日を記載しました。開花時期や紅葉がピークを迎える時期は、気候変動により年毎に変化するため、あくまでも目安として下さい。

＊木の名称（呼称）について、「櫛田《くしだ》の銀杏《ぎなん》」のように地元の方々に呼び慣わされてきたものはそのまま表記し、一般的な樹木名は原則としてカタカナを使用しました。

＊樹齢や樹高、幹周りは、樹木の前に立つ案内板や各市町村のホームページを参考にさせていただきました。樹齢はあくまでも推定であることをご了承ください。

＊紹介した100カ所の約半数は、神社や寺院の境内で保護されているものです。樹木保護のため柵が設けられている場合、乗り越えて中に入らないようお願いします。中には個人邸内にありご好意で披露されている場合もあります。〝見せていただく〟という姿勢で伺いましょう。また、ゴミは持ち帰り、「来た時よりも美しく」を心がけましょう。

＊取材及び原稿作成段階に、左記文献並びに各市町村や観光協会、各寺社のホームページ、インターネット情報などを参考にさせていただきました。

・渡辺典博著『巨樹・巨木』山と溪谷社、1999年
・渡辺典博著『続 巨樹・巨木』山と溪谷社、2005年
・高橋弘著『日本の巨樹・巨木』新日本出版社、2001年
・「悠久の歴史を語る ひむか巨樹マップ　神話街道を行く」

（熊本）

福岡県の巨樹

福岡県の県木・ツツジ

博多の総鎮守・櫛田《くしだ》神社の楼門左側に大きくそびえ立っている。地元では「お櫛田さん」と呼び親しまれている櫛田神社では、毎年7月15日の早朝に博多祇園山笠のフィナーレ「追い山」が行われ、県内外からたくさんの観光客が訪れる。近くには「博多町屋ふるさと館」があり、博多の文化に触れることもできる。

樹種：イチョウ　樹齢：1000年
県指定天然記念物
樹高：23m　幹周り：9・3m
所在地：福岡市博多区上川端《かみかわばた》町・櫛田神社

福岡県

櫛田の銀杏

右上‥境内にある常設展示の飾り山笠は観光客の撮影スポット。
上‥晩秋になると、周りのビルを呑込むように黄色く色づいた巨大アドバルーンが現れる。
左‥樹勢も旺盛で、巨大な幹の周りは黄色い絨毯で覆われる。
07・12・2撮影

福岡県

東長寺の一本桜

上：境内いっぱいに広げた枝に満開の姿は、訪れる人の溜め息を誘う。
右：晴天春爛漫。小鳥たちが奏でる春のメロディー。03・4・2撮影

弘法大師が創建した日本最古の密教霊場といわれる東長寺《とうちょうじ》。その境内に立つ優美な一本桜。
大きなサクラの傘の下で遊ぶ子供たちや記念撮影に興じる人たち。風の強い日は正門から桜吹雪が舞い踊る。

樹種：ソメイヨシノ　樹齢50年
樹高・幹周り（不明）
所在地：福岡市博多区御供所《ごくしょ》町・東長寺
［地図⇩8ページ］

福岡県

飯田屋敷の大銀杏

◁JTビルの反射光に黄色く輝く大銀杏。07・11・24撮影

樹種：イチョウ　樹齢300年以上　市保存樹
樹高14・5m　幹周り4・75m
所在地：福岡市中央区大名・JT福岡支店前

ここは昔、飯田《いいだ》太郎左衛門の屋敷であったことから「飯田屋敷」と呼ばれており、その頃から庭にあった一本の老木と伝えられている。福岡都心部、繁華街天神に近い車道沿いに立ち、排気ガスを受けながらも必死で生きる姿は痛々しい。しかし秋には葉を黄色に染め、存在感と生命力を感じさせる。

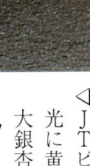

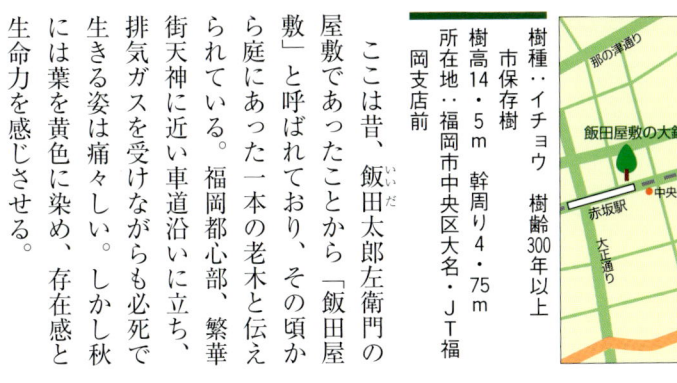

学問の神様・菅原道真公を祀《まつ》る天神信仰の誕生地、太宰府天満宮社殿の西側に立つ。樹齢のわりに姿は端正で、樹勢も良好、境内には100本を超えるクスノキがあり「天神の森」と呼ばれる。社叢《しゃそう》には日本一のヒロハチシャノキと「夫婦クス」と呼ばれる国指定の天然記念物がある。

▽太宰府天満宮は「飛梅」で有名な梅の名所。多種多様な色とりどりの梅が一足早い春を告げる。

福岡県

太宰府天満宮のクス

△地上3m辺りから大きく主幹が分かれ、枝張りは30mもある巨大クス。

樹種：クスノキ　樹齢1000～1500年　国指定天然記念物
樹高33m　幹周り12・5m
所在地：太宰府市宰府《さいふ》・太宰府天満宮

上：樹齢1000年には見えぬ若々しさ。大きく広げた枝が応神天皇の産湯に覆いかぶさったことから「湯蓋」と呼ばれるようになった。
右：猛暑の夏でも、たくさんのクスノキ群が木陰を作ってくれる境内。

福岡県

湯蓋の森

応神《おうじん》天皇出生神話からその地名が付いたと伝えられる宇美《うみ》町。安産と子育ての神として深く信仰を集めてきた宇美八幡宮。広大な社域に40本近いクスノキがそびえる。中でも「湯蓋《ゆぶた》の森」と「衣掛《きぬかけ》の森」（次項）は、1本の木でありながら生い茂る木々の緑から「森」と呼ばれる。

樹種：クスノキ　樹齢1000年
国指定天然記念物
樹高20m　幹周り15・7m
所在地：糟屋郡宇美町宇美・宇美八幡宮

◁「子安《こやす》の石」という慣わしがある。応神天皇が安産で産まれたという言い伝えから、ここの石を持ち帰って無事出産を終え、別の石に子の氏名、住所、生年月日を書いて納めるとご利益があるとの言い伝えがあり、今もたくさんの石が奉納される。

応神天皇が産湯を使う際、衣をこの樹に掛けたことから、その名（衣掛《きぬかけ》の森）が付いたと言い伝えられている。

主幹は枯れかけており、「湯《ゆ》蓋《ぶた》の森」と比較すると生長は止まったかのようにも見える。しかしその佇《たたず》まいは、太古の恐竜が天に向かって雄叫びを上げているようで凄まじい迫力がある。

樹種：クスノキ　樹齢1000年

国指定天然記念物

樹高20m　幹周り20m

所在地：糟屋郡宇美《うみ》町宇美・宇美八幡宮

[地図⇩15ページ]

右ページ5点：深い年輪文様に気の遠くなるような歴史を刻む。

左ページ：まるでT-REXのような姿だ。1周回って様々な方向から見てほしい。

福岡県

衣掛の森

千如寺《せんにょじ》は雷山《らいざん》の中腹に位置し、木造で国の重要文化財に指定された十一面千手千眼観世音菩薩、通称「雷山観音」が安置される、725年に建立された由緒ある古寺である。その境内に、秋には真紅に染め上がる大カエデがある。静かな山間部も紅葉シーズンには大勢の参詣者や観光客で賑わう。

下：無数に黒く枝分かれした姿は別々の生き物のように感じられる。
左／左下：雷山を染め上げる巨大な大カエデ。毎年訪れる人も多く、紅葉の時期は駐車場も満車になることが多い。
07・11・22撮影

樹種：カエデ　樹齢400年
樹高8・2m　幹周り2・3m
所在地：前原市雷山・雷山千如寺《せんにょじ》大悲王院《だいひおういん》

福岡県

大悲王院の楓

県指定天然記念物
大悲王院の楓

JR筑肥線
加布里駅
福岡前原道路
前原IC
49
12
三坂
564
雷山神籠石
千如寺
大悲王院の楓
N
0
1km

福岡県

下古毛のクス

筑後川沿いに広がる田園風景の中、集落の広場で一際目立つ。周りに障害物がなく、台風による強風を受け止め、樹齢のわりに樹勢もあり、元気満々である。これほどの巨樹が町・県・国から何も指定を受けていないのは何故だろうか。堂々たる風格なのに無冠の帝王とは信じがたい。

樹種：クスノキ
樹齢1000年
樹高30m　幹周り12m
所在地：朝倉市古毛《こも》
［地図⇩23ページ］

上：太い二の腕は遠く屋根を越え道路上まで伸びている。
左2点：三連水車や二連水車が今でも現役で回り続けるのは国内で朝倉地区だけ。夏の風物詩だ。

福岡県

隠家の森

樹種：クスノキ　樹齢1500年
国指定天然記念物
樹高21m　幹周り18m
所在地：朝倉市山田
［地図⇩23ページ］

筑後川流域にたくさんのクスノキの巨樹が存在する中で、全国クスノキ部門ランキング5位に入る巨樹である。主幹は一部空洞化して太い枝の数本は折れ、樹木医による治療の痕が痛々しい。特に柵で囲われているわけでもなく、民家のすぐ横にあり、時折子供たちが巨大な根の周りで遊ぶ姿も見られる。

右：筑後川沿いから巨大な姿がはっきり確認できる。
下：治療痕がくっきり残るが、樹勢を回復してこの地域の王者復活を願いたい。

恵蘇八幡宮の大クス

天智《てんじ》天皇が母斉明《さいめい》天皇を弔うために「木《こ》の丸殿《まるでん》」という小屋を建てたとされる跡地に建立された恵蘇《えそ》八幡宮。天智天皇は筑後川のほとりで名月を観賞し、心の痛みを癒したという。10月の秋の大祭には、境内で町の無形民俗文化財の獅子舞や毛槍行列などが行われる。

樹種：クスノキ　樹齢（不明）　県指定天然記念物
樹高32ｍ　幹周り９ｍ
所在地：朝倉市山田・恵蘇八幡宮
［地図⇩23ページ］

上：幹には着生した植物が絡まり独特の風貌で、天を突くように樹高が高い。
左：国道から上がった所にある。

福岡県

水神社の大クス

山田井堰《いぜき》による堀川への水取口水路の上に祀《まつ》られている水《すい》神社境内にある。社殿建築の際、2m程度埋められたそうで、当時は向かいにある恵蘇八幡宮の大クスに匹敵するほど大きかったそうだ。恵蘇八幡宮から国道を徒歩で往復できるが、車の通行量が多いため充分に注意してほしい。

△狭い境内で窮屈そうな姿がユーモラスで微笑ましい。

樹種：クスノキ　樹齢（不明）　県指定天然記念物
樹高21ｍ　幹周り8・2ｍ
所在地：朝倉市山田・水神社

福岡県

祇園社の大クス

祇園社とは現在の須賀《すが》神社の呼称である。白蛇が棲むといわれ、幹の周りを3周回ると出会えるとの言い伝えが残る。次項の安長寺の大クスとは「夫婦クス」と呼ばれ、祇園社の大クスは「男クス」と言われている。

上：13mを超える幹周り。神社の御神木として崇拝されてきた巨大クス。
右：空に広がる枝張りはまだまだ樹勢もよく、生長力が窺える。

樹種：クスノキ　樹齢700年
県指定天然記念物
樹高28m　幹周り13・7m
所在地：朝倉市甘木・須賀神社

福岡県

安長寺の大クス

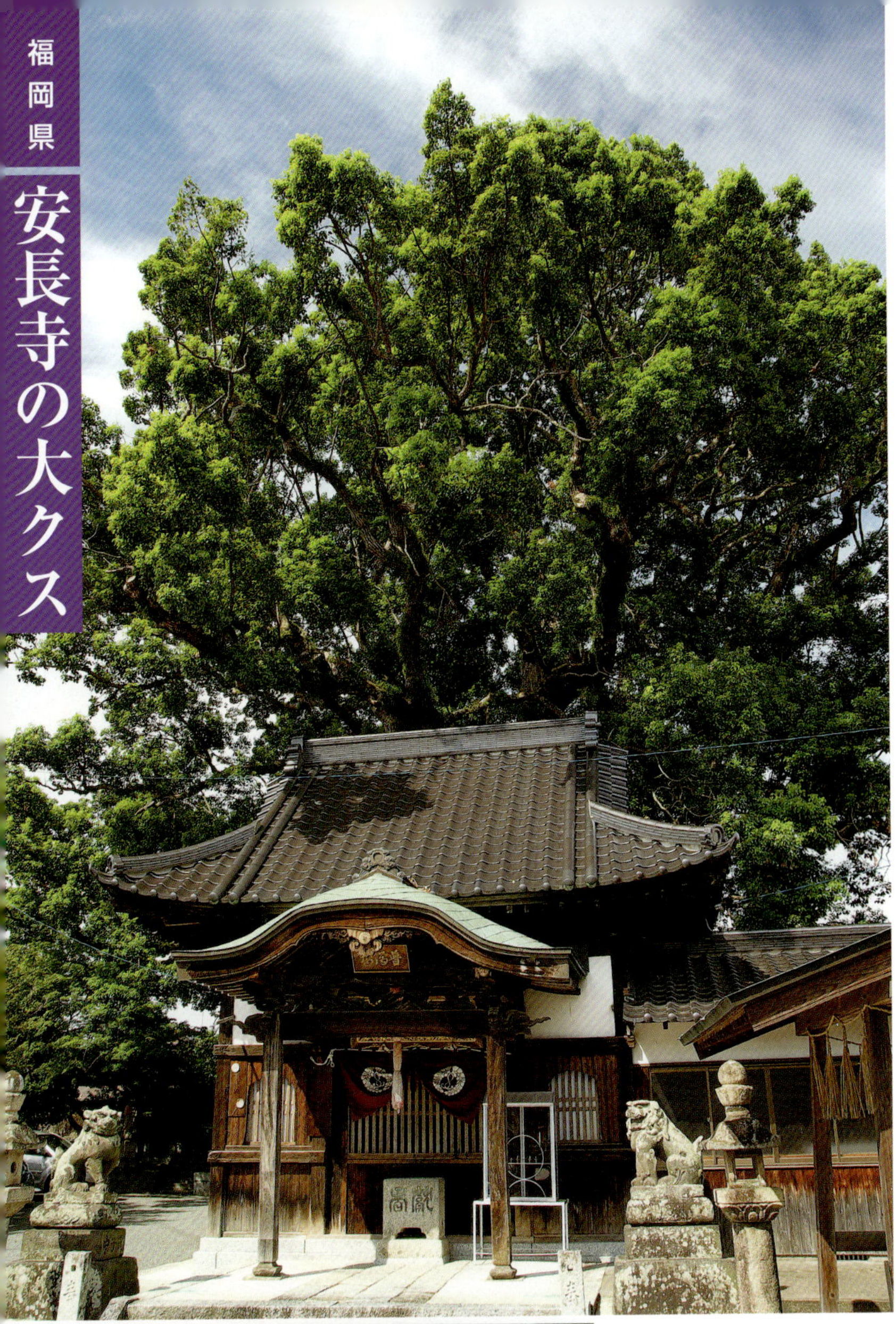

甘木は安長寺《あんちょうじ》の門前町として栄えた。初市が1月4・5日に行われ、名物「豆太鼓」を求める参拝者で賑わいを見せる。こちらは「女クス」と呼ばれ、祇園社の大クスとともに〝縁結びのクス〟との言い伝えがある。

樹種：クスノキ　樹齢700年
県指定天然記念物
樹高31・5m　幹周り11・5m
所在地：朝倉市甘木・安《あん》長寺《ちょうじ》［地図⇩24ページ］

上：長身がゆえに遠くからもそれと分かる。天高く生長した姿と青空のコントラストが美しい。

左：大地を鷲掴みにする巨大な根元。

福岡県

山内のチシャノキ

福岡県最大のチシャノキで看板も出ているが、車道沿いに立ち、さほど目立たないので見過ごして通り過ぎてしまうこともある。

征夷大将軍懐良《かねなが》親王が戦勝して肥後の菊池一族の元へ向かう際、ここで宴を催し、その後にこの木が芽生えたとの言い伝えがある。以来、勝負事に縁起がよいとされてきた。

樹種：チシャノキ　樹齢600年
県指定天然記念物
樹高11・5m　幹周り4m
所在地：八女市山内《やまうち》・祇園神社

上：ぽっかり開いた幹の空洞から透過光で美しい新緑が見える。
右：どっしりとした巨大な根元。
左：歴史ある神社の入口。

福岡県

津江神社のクス

平安時代の最末期、喜応元（１１６９）年、初代猫尾《ねこお》（黒木）城主・源助能《すけよし》が神社創建時に植栽したとされている。１９９５・９６年に土壌改良工事が行われ、樹勢は益々勢いを増しているという。

樹種：クスノキ　樹齢830年
県指定天然記念物
樹高40ｍ　幹周り12ｍ
所在地：八女郡黒木町本分《ほんぶん》・津《つ》江《え》神社
［地図⇩26ページ］

上：新緑が生い茂り、真っ直ぐに伸びた若々しいクス。
左：神社奥には池の中から生長している珍しい樹形のクスがある。

藤棚の枝張りが何と東西50m、南北には80mも伸びている、国内でも有数の大藤。毎年ゴールデンウィークにかけて開催される「黒木《くろぎ》の大藤祭り」は、県内外からの観光客でいっぱいになる。

樹種：ノダフジ　樹齢600年
国指定天然記念物
樹高2・2m　幹周り（不明）
所在地：八女郡黒木町黒木・素盞嗚《すさのお》神社
［地図⇩26ページ］

上右／左：ボリュームのある大藤が広い藤棚に無数に垂れ下がる。
中右：大藤の原木がこの下に深く眠っているという。
右下：大藤祭り会場から徒歩10分程で、同時期に満開を迎える見事な芝桜も楽しめる。
左下：藤棚の下は香りあふれる空間、大勢の観光客が談笑したり食事を摂ったり、とても賑やか。
08・4・28撮影

福岡県

黒木の大藤

福岡県

桁山の榧の木

石積み棚田で有名な星野村にある、全国で3本の指に入る巨大カヤノキ。茶畑の中に立ち、雌と雄が合体した〝縁結びの木〟として有名。

右：静かな集落の奥、辺りは個性的な甘い香りに包まれる。

右下：彼岸花咲く初秋の石積み棚田。四季を感じるドライブを楽しもう。

樹種：カヤノキ　樹齢1000年　県指定天然記念物
樹高17・5m　幹周り6・6m
所在地：八女郡星野村桁山《けたやま》

宮地嶽神社の寒緋桜

約1600年前に創建された古社で、開運の神として多くの人たちに信仰される全国宮地嶽神社の総本宮。長さ13・5mの日本一の大注連縄や胴径2・2mの大太鼓、重さ450kgの大鈴も日本一の大きさを誇る。境内には四季折々に様々な花が咲き乱れるが、ソメイヨシノよりも早い2月下旬から3月上旬にかけて開花する寒緋桜は、いち早く春の訪れを告げてくれる。

樹種：カンヒザクラ　樹齢100年
樹高6m　幹周り2m
所在地：福津市宮司元町《みやじもと》・宮地嶽神社

上：春一番が吹く前に満開を迎えた寒緋桜。参拝客も時を忘れてしまう麗らかな空間。
上左：淡いピンク色の花びらが一面に広がる。　03・3上旬撮影

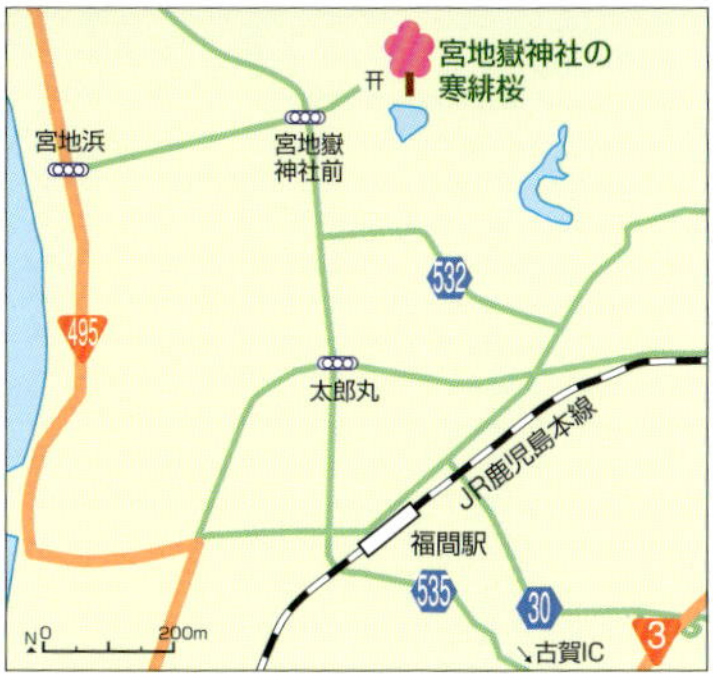

牧場私有地内にあるため勝手に入ることはできない。毎年、桜の開花に合わせて、週末に「才尾の一本桜祭り」が開かれ入場可能となる。駐車場から15分程度、のんびりと過ごす牛たちを眺めながら緩やかな坂道を上っていくと、一本桜が視界に入ってくる。

気象変動で予定された桜祭りに開花が合わない場合は、1週間前後に再度開放されることもあるため、市役所観光係に尋ねたほうがよい。

上：桜に到達して振り返ると、田園地帯や遠くは周防灘まで絶景が一望できる。
左：ヤマザクラの特色は、茶色い葉と花が同時に芽吹くこと。
左端：桜の木の下で遊ぶ子供たち。自然と戯れるひとときを体験させよう。
08・4・5撮影

樹種：ヤマザクラ　樹齢100年
樹高13m　幹周り4・5m
所在地：豊前市大字才尾《さいお》・古賀牧場

才尾の一本桜

福岡県

浅井の一本桜

耳納《みのう》連山北部の町で昭和天皇の即位を記念して植えられたという。樹齢100年にしてはとても大きく、樹齢数百年のサクラと比較しても劣らない風格が漂う。ソメイヨシノが散る頃に満開を迎え、駐車場は車の離合が難しいほど満車になることも多い。サクラと池を挟んで対面する側は観覧席のように段々に作られており、多くの花見客やカメラマンの〝棚田〟のようになる。

△湖面に映った逆さ桜は、地元の写真コンテストでよく見かける光景だ。　08・4・11撮影

樹種：ヤマザクラ　樹齢100年
樹高18ｍ　幹周り4・3ｍ
所在地：久留米市山本町耳納

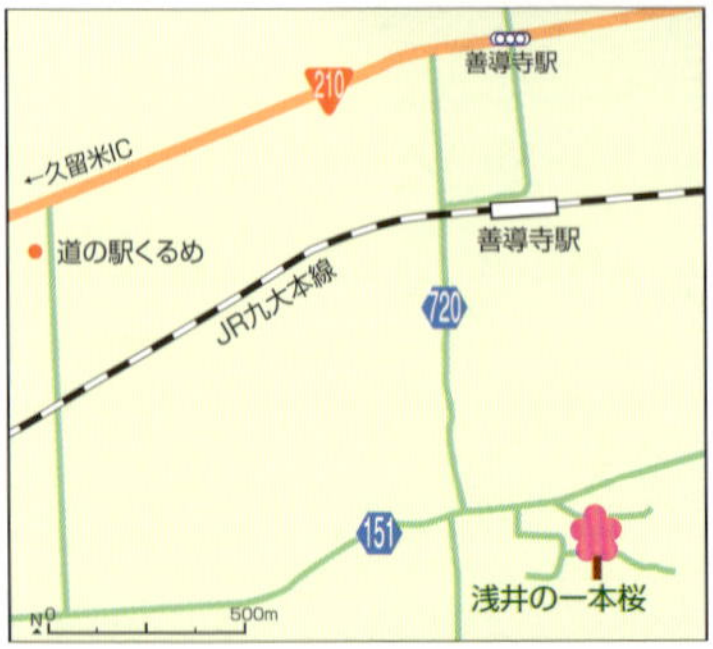

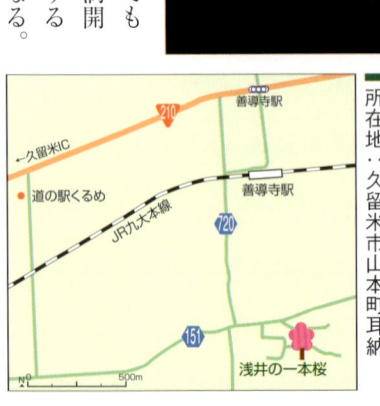

佐賀県の巨樹

佐賀県の県木・クスノキ

古くから温泉や陶器で有名な武雄《たけお》市、その中心地にこれほどの古木がいくつも存在する地域も珍しい。神社の裏にある歩道を50m程歩くと、不思議な空間に迷い込んだ気がしてくる。そこに、凄まじい形相で大クスが立っている。

最近では少女と木の恋愛を描いたドラマの舞台になり脚光を浴びたが、巨大クスノキの七変化には驚きの連続である。

右上：まるで大きな口を開けた獣神のようにも見える。
右下：根元の中は12畳程の空洞があり、天神様が祀られているという。

佐賀県 武雄の大クス

△歩道を渡りきった空間に佇む。「何しに来たのだ」と問いかけられているような緊張感を覚えた。

樹種：クスノキ　樹齢3000年
市指定天然記念物
樹高30m　幹周り20m
所在地：武雄市武雄町大字武雄・武雄神社

佐賀県

塚崎の大クス

文化会館横の坂を上っていくと、小高い所に立っている。落雷によって主幹をなくしたらしいが、大きな根周りは健在な頃を彷彿させる。保存樹として大切に保護されており、市の姿勢には深く感心する。

上：大きな空洞の中に立ってみる。落雷前の身の丈は、かなりの大きさだったに違いない。佐賀県3位の巨樹。
左：ぽっかり開いた上部を見上げると、まるで屋久島のウィルソン株のようでもある。

樹種：クスノキ　樹齢300年　市指定天然記念物
樹高18m　幹周り13・6m
所在地：武雄市武雄町大字武雄　[地図⇩37ページ]

佐賀県
川古の大楠

むくむくと盛り上がったこぶが特徴で、樹齢のわりには全体的に均整のとれた美しいクスノキである。根周りは30mを超え、奈良時代の名僧行基《ぎょうき》が幹部分に仏像を刻み、明治時代の廃仏毀釈で削り取られたという歴史を持つ。

樹種：クスノキ　樹齢300年　国指定天然記念物
樹高25m　幹周り21m
所在地：武雄市若木《わかき》町皿宿・川古《かわご》の大楠公園

△よく整備された公園内にあり、周りに高い建物もなく日当たりがよい環境が、ここまで巨大に生長できた一つの要因と思われる。

舞鶴公園のホルトノキ

唐津藩初代藩主・寺沢広高《てらざわひろたか》が7年の歳月をかけて築いたという唐津城。明治の廃藩置県により廃城となったが、1966年に復元、現在は舞鶴公園として整備され、四季折々の花見客や観光客で賑わう。この木は唐津城天守閣の近くにあり、エレベーターで昇ると楽に行ける。

△秋の斜光線に輝くホルトノキ。7～8月には白い花を咲かせる。

樹種：ホルトノキ　樹齢300年　市指定天然記念物
樹高20m　幹周り5・8m
所在地　唐津市城内・舞鶴公園

佐賀県

鏡神社のスギ

北山ダムの北側に位置し、県道からダムに向かって左側に鏡《かがみ》神社が見えてくる。境内奥に異様に大きなスギの幹が見えるので分かりやすい。樹齢1000年クラスの巨スギ群が茂る空間である。

樹種：スギ　樹齢1000年
樹高36m　幹周り5・6m
所在地　佐賀市富士町大字下合瀬《しもおおせ》・鏡神社

△威風堂々、真っ直ぐに伸びた大杉だ。

脊《せ》振《ふり》北山《ほくざん》県立自然公園内、根周りは20m、全国でもトップ・クラスのカツラで、基幹部から周囲1mものひこばえが25本も伸びている。山の神として古くから崇《あが》められ、注《し》連縄《めなわ》が張られていたが、現在は柵が設けられ保護されている。神聖で神秘的な空間である。

樹種：カツラ　樹齢1000年
国指定天然記念物
樹高34m　幹周り13・8m
所在地：佐賀市富士町大字下合瀬《しもおおせ》
［地図⇩41ページ］

◁ファインダー越しに「神は存在する」と感じた胸高まる一瞬だった。

左：四方に長く伸びた枝から巨体に似合わぬハート型の葉が無数に広がる。5～6月には紅色の花を一面に咲かせる。
左下：周りの木々とは全く違う圧倒的な存在感がある。
下：県道から小道に2分程入った所に入口がある。

佐賀県

下合瀬の大カツラ

日本の磁器発祥の地であり、ゴールデンウィーク恒例の「有田《ありた》の陶器祭り」では大勢の観光客で賑わう有田町。様々な窯元が並ぶ伝統ある町並みの中、赤いトンバイ塀の通りを歩いていくと、背後の風景を覆い隠すほどの巨大イチョウが迫ってくる。イチョウの木は害虫や火に強く、昔大火の際、たくさんの窯元が焼失した中で、この大イチョウ下にあった窯元は無事であったとの言い伝えが残る。

上：瓦屋根とのリズミカルな空間を写し取った。
中：周りの民家と比較するとその巨大さが実感できる。
右：奥の景色を隠して全く見えないほど。存在感抜群で、有田町のシンボルである。
左：空一面を黄色に埋め尽くす。07・11・14撮影

樹種：イチョウ　樹齢850年
国指定天然記念物
樹高40m　幹周り9・3m
所在地：西松浦郡有田町泉山《いずみやま》・泉山弁財天神社

佐賀県

有田の大イチョウ

東山代の明星桜

松浦党二代目源　直《みなもとのなおす》の臣・浦内淡《うらうちあわ》路守《じのかみ》が京都壬生《みぶ》から持ち帰り、この地を開拓した際に植えたとされている。
通常のソメイヨシノより1週間程早咲きの桜で、県内では有数の古木である。焚き火をすると、花びらが夜空に星のように輝き、明星の趣があるところから名付けられたとの由来がある。

上：500m程離れた農道から望遠300mmで撮影した。
左：向かって左側に咲いていた大きなサクラ。
明星桜に負けず存在感がある。
右下：近くには菜の花の棚田があり、のどかなピクニック風景も見られた。　08・4・2撮影

樹種：エドヒガン　樹齢800年
県指定天然記念物
樹高13m　幹周り2m
所在地：伊万里市東山代《ひがしやましろ》町浦川内《うらがわち》

青幡神社の大クス

樹種：クスノキ　樹齢900年
県指定天然記念物
樹高16m　幹周り11・4m
所在地：伊万里市東山代町里《さと》・青《あお》幡《はた》神社　［地図⇩46ページ］

松浦党二代目源直《みなもとのなおす》が久安年間（1145〜50年）に東山代《ひがしやましろ》町の里に政庁を置き、その鎮守として創建された古社の御神木として鎮座している。

右：神社鳥居を入ってすぐ右側、枝張りは20mを遥かに超える。

下：板状の根が大きく隆起し、大きく口を開けた姿は、一種異様な雰囲気を漂わせている。

佐賀県

熊野大権現社のスダジイ

のどかな田園風景が広がる多久《たく》町岸川の民家が並ぶ奥、熊野《くまの》大権現社《だいごんげんしゃ》の階段を上り、さらに奥にある最後の階段を上りつめた所にある御神木。根元から分岐した枝を大きく広げている。

上：見上げると、階段上の奥で翼を広げた竜のようでもあり、かなりの威圧感がある。

右：全国放送のバラエティ番組で紹介された、あっさり風味の「岸川まんじゅう」は、おすすめの一品。

樹種：スダジイ　樹齢200年
樹高19ｍ　根周り20ｍ
所在地：多久市北多久町大字多久原・熊野大権現社

佐賀県

嬉野の大茶樹

枝張りが８ｍにも及ぶ大茶樹で、慶応年間（１６４８〜５２）に嬉野《うれしの》茶の祖・吉村新兵衛が植えた一本といわれている。嬉野町は「うれしの茶発祥の地」としてここに記念碑を建立している。

上：撮影に伺った時は剪定作業中。脚立に上らないと届かない巨大な茶の木。剪定作業は数人がかり。人が埋もれてしまいそうなジャングルのようだ。剪定中の60代位の方が「私たちが子供の頃は、この茶の木の下をくぐって隠れんぼしたものだよ」と語ってくれた。

左：バス停前にも茶畑が広がる。

樹種：チャ　樹齢340年
　国指定天然記念物
樹高４ｍ
所在地：嬉野市嬉野町大字不動山《ふどうやま》

佐賀県

弁財天シャクナゲ

福岡・佐賀の県境にある浄徳寺《じょうとくじ》の園内に、4月下旬から5月上旬にかけて日本シャクナゲや西洋シャクナゲが1万本も咲き乱れる。弁財天シャクナゲは園の入口から上ってすぐ右手にある。脊振山《せふりさん》の姫神・弁財天が英彦山《ひこさん》から持ち帰ろうとした美しいシャクナゲを天狗様に見つかり、1本をこの脊振山中に落としたものがこの木の由来だとの言い伝えが残る。

右ページ：ほぼ満開に近い弁財天シャクナゲ。小雨降る日本の情景。
左ページ4点：しっとりとした森の中で、色とりどりのシャクナゲを楽しもう。

08・5・5撮影

樹種：シャクナゲ　樹齢400年
樹高6・5m
所在地：神埼《かんざき》市脊振町服巻《はらまき》田中・浄徳寺

田や背景の山々と宝珠《ほうしょう》寺《じ》との景観が溶け込み、過去にタイム・スリップしたような日本の原風景が広がる。ここ数年で知名度も口コミで広がった感があり、満開前後はギャラリーが増えてきた。夜間はご住職によるライトアップも行われている。

左：ライトアップの輝きを露光間ズームで撮影した。
下：ライトアップが始まり、太陽が沈んだ直後のブルートーンの空、花弁がピンク色に輝く短い時間が最も美しい。
03・3・29ー31撮影

佐賀県

宝珠寺の姫枝垂桜

樹種：シダレザクラ　樹齢100年
樹高8m　幹周り2m
所在地：神埼《かんざき》市神埼町的《いくわ》・宝珠寺

◁ライトアップ撮影の翌々日、早朝に撮影した。花弁にややや勢いがなくなっていたが、のどかな日本の風景が一帯に広がっていた。

佐賀県

白角折神社のクス

城原川《じょうばるがわ》中流の西に位置し、枝張り33・2m、大きく傾く特徴ある姿で、根が地上2mまで隆起している。幹に空洞ができているが樹勢は旺盛で、幹や枝に多くの植物が付着し樹齢の長さを感じさせる。

上：倒れそうに傾く大クス。
右：周りにはツツジが満開、小川が流れ、スギに囲まれた静寂な空間。

樹種：クスノキ　樹齢１０００年
県指定天然記念物
樹高22m　幹周り8・2m
所在地：神埼《かんざき》市神埼町城原・白角折神社
［地図⇩52ページ］

長崎県の巨樹

長崎県の県木・ツバキ

長崎の暑い夏

２００８年夏、私は長崎市原爆資料館を訪れた。長崎を撮影する前に、決して忘れてはいけない惨劇の夏を知り、九州の巨樹を象徴する〝被爆しても生き続けるクスノキ〟に会いたいと思ったからである。

館内を進み、故永井隆夫人のロザリオの鎖の前に来た時、一人の少女が立ちすくんでいた。中学生くらいだろうか、眼鏡をかけた瞳から涙が溢れ肩を震わせている。永井博士の年譜を見ていた私に気づいたのか、はっとした仕草を見せたが、また誰はばかることなくしくしくと泣き出した。

放射線の研究で被爆して余命を宣告され、さらにその後予期せぬ原爆投下により愛する妻をも喪うという博士の二重の悲劇を知った彼女の純真な感動が伝わり、私も思わず涙が溢れ止まらなかった。

やがて、少女の友人たちが「帰ろう」と迎えに来た。しかし、彼女はなかなかその場を去ろうとしない。ハンカチで目頭を押さえながらも、後ろ髪をひかれるように見入っているのである。

私は、彼女が人生で最も大きな感動を受けているであろう現場に立ち会ったのである。

資料館を後にした私は、この後に予定していた撮影が果たしてうまくいくだろうか、自信をなくし気力が失せてしまった。人間の愚考が招いた地球上最大の過ちと惨劇を目の当たりにし、撮影なんてもうどうでもよいという無力感に襲われたのである。

その後、私は無言で爆心地からほど近い山王《さんのう》神社に向かった。片足で立つ鳥居や破壊された瓦礫の前を進むと、神社の階段奥に2本並んで立つクスが見えてきた。

先客だろうか、撮影中のカメラマンに出会った。三脚を抱えていた私を見て、同じ目的の旅人と思ったらしく気軽に語りかけてきた。

「ひどいことをしたもんだぜ、まったく。こんな町の真ん中に落としやがって。あんた資料館に行ったか？　おれは広島も行ったよ。一度は見ておいたほうがいい」

ほどなく、私の耳に黄色い元気な声が聞こえてきた。神社の境内で無邪気に走り回る子供たちの笑い声が、私に笑顔を取り戻させてくれた。

クスノキに優しく見守られながら、私は無邪気に遊ぶ子供たちに何度もシャッターを切った。

この子たちへ残さなければいけない未来を考えながら……。

原爆殉難教え子と教師の像

大神宮

被爆時は主幹の３分の１以上を失い枯死状態であったと聞くが、２年後に新芽を芽吹き奇跡的に蘇った。２００８年には応援歌が作られ、被爆当時の写真を含めた写真展も開催された。物言わぬ生き証人として人々にいつまでも平和を訴えてほしい。

樹種：クスノキ　樹齢500年
市指定天然記念物
左側のクス（上の写真）＝樹高17・6m　幹周り6・58m／右側のクス＝樹高21m　幹周り8・63m
所在地：長崎市坂本・山王《さんのう》神社

長崎県

山王神社の大クス

上：2本のクスの奥から、境内で遊ぶ子供たちが時折走ってくる。
左上：クスの周りには平和を願う千羽鶴がかけられていた。
左下：2本のクスにかけられている大きな注連縄。

小長井のオガタマノキ

オガタマとは「神を招く」の意があり、繁栄と幸福を招くとの言い伝えがあって神社でよく見かける。モクレン科に属し、2月中旬から紫色を帯びた白い花が咲く。有明海沿いの国道207号線長里《ながさと》駅近くに誘導の案内板があり分かりやすい。昔、持ち主だった人が自宅建築の際、木の一部を伐り取り、そこからたくさんのひこばえが発生して今の姿になったという。車のCMにも起用された、オガタマノキ部門で日本一の巨樹なのである。

上：畑の間の道路沿いに大きな影をつくり斜めに立っている。
右：大きな枝は家一軒が乗っかりそうに広がっている。

樹種：オガタマノキ　樹齢1000年　国指定天然記念物
樹高20m　幹周り9・1m
所在地・諫早市小長井《こながい》町川内《こうち》

長崎県

女夫木の大杉

集落内の夫婦木《めおとぎ》バス停横に立つ。以前は2本の杉が立っていたが、1本は枯れてしまい、残る現在の杉も、落雷や台風被害により治療が施されており、見るからに痛々しい。2本杉の頃は「夫婦木」と呼ばれていたそうで、「女夫木《めおとぎ》」と表記が変わった理由は不明。

上：治療開始時は全身ギブスの状態で、何重にもカバーで括られ見る影もなかったそうだが、除々に取り外され樹勢を回復しかけている。
左：周辺は棚田もあるのどかな集落。

樹種：スギ　樹齢600年
国指定天然記念物
樹高31m　幹周り9・2m
所在地・諫早市小川町

長崎県

諫早神社のクス

行基《ぎょうき》菩薩お手植えの木と言い伝えられ、「四面宮」、「おしめんさん」として古くから人々に親しまれている。厳《おごそ》かな雰囲気が漂う由緒ある神社である。

上：巨樹の森を散策してみよう。
右：6本すべてが県より指定された天然記念物が立ち並ぶ。

樹種：クスノキ　樹齢（不明）
県指定天然記念物
樹高25ｍ　幹周り7・8ｍ（拝殿前の御神木）
所在地：諫早市宇都《うづ》町・諫早神社
［地図⇩61ページ］

長崎県

長栄寺のヒイラギ

神代《こうじろ》地区の静かな長栄寺《ちようえいじ》の境内にあるモクセイ科の常緑樹。庭園樹として本州、四国に分布されるが、これほど大きくなるのも珍しい。秋には白い花をつける。

左：うねるような太い幹から広い枝を伸ばす。

左下：緑生い茂る大ヒイラギ。

樹種：ヒイラギ　樹齢（不明）　県指定天然記念物

樹高13・1m　幹周り3・5m

所在地：雲仙市国見町神代《こうじろ》丙《へい》・長栄寺

長崎県最大の巨樹で、全国でもランキング50位内に入る。個人宅の敷地内にあるので勝手に入ることはできないが、周りの道路から見ても視界を超えるほど巨大である。撮影中、ご近所の方々から微笑ましくご挨拶をいただいた。大クスは町の誇りなのだろう。

上：塀の外から鑑賞、家を呑み込むほどに巨大に生長した。
下：撮影していた私たちをご主人が招き入れて下さった。そばに立つと、巨大な壁が立ちふさがる。
左：民家の庭でこれほどまでに大きく生長するのは、全国でも珍しい。

樹種：クスノキ　樹齢1000年
県指定天然記念物
樹高30・5m　幹周り13m
所在地：島原市有明町大《おお》三《み》東《さき》甲《こう》（個人邸）

長崎県

松崎の大楠

天正12（1584）年、島津氏の将・伊集院忠棟《いじゅういんただむね》が戦勝記念に植えた2本の木と言われる。クスは本殿の横に立ち、ムクは向かって左側の山の斜面に立つ。

樹種：クスノキ／ムクノキ　樹齢450年　県指定天然記念物
クス＝樹高19ｍ　幹周り8ｍ
ムク＝樹高20ｍ　幹周り6・7ｍ
所在地：島原市杉山町・熊野神社
［地図⇩64ページ］

上：上部幹の部分が折れている。
右：本殿脇のやや薄暗い所に立つクス。
左：ムクノキがここまで大きく生長するのも珍しい。斜面に板状の根が発達して伸び、うまく環境に適応したことがその原因と見られる。

長崎県

熊野神社のクスとムク

長崎県

東漸寺の大楠

東漸寺《とうぜんじ》は、寛和2（986）年、観海和尚が当地に開基し、寛永3（1626）年に教意法印により中興された真言宗智山派の古刹《こさつ》。平戸藩政下では松浦藩の祈願所でもあった。正門の石段右手に立つ樹齢500年のクス、今が盛りという力強い姿である。

上：正門が小さく見えるほどの存在感、まるで門番のようだ。

右：大蛇がとぐろを巻いたような奇根が盛り上がる。

樹種：クスノキ　樹齢500年
県指定天然記念物
樹高20m　幹周り7・2m
所在地：佐世保市中里《なかざと》町・東漸寺

長崎県

藤山神社の大藤

藤山《ふじやま》神社は延元年間（１３３６）に創建。御神木である巨大なオガタマノキに樹上25ｍでからみつき、左右15ｍまで蔓を伸ばす九州最大のフジ。境内には他にも多種多様なフジがあり、４月から５月にかけて競演を見せる。

左：巨大なオガタマノキにもたれ、上部に絡みついている。
左下：天に昇る大蛇のような姿だ。

樹種：ヤマフジ　樹齢670年以上　県指定天然記念物
樹高15ｍ　幹周り１・５ｍ
所在地：佐世保市小舟《こふね》町・藤山神社

長崎県

田の頭の枝垂桜

陶磁器の町・波佐見《はさみ》の波佐見焼は桃山時代に始まったとされ、古い歴史を持つ。鉄道の発達から有田より搬送されていたために、当時は有田焼として扱われていたという。静かな町の丘に立ち、満開の時期になると遠くからも確認できる。個人所有のサクラだが、町の観光スポットとしても紹介されている。

03・3・29撮影

上：四方を支えられた老木で、近くに子供の若木が2本ある。
右：紅いツバキをバックに降り注ぐ。

樹種：シダレザクラ　樹齢150年
樹高10m
所在地：東彼杵郡波佐見町田《た》ノ頭《かしら》郷
（個人所有）

大分県の巨樹

大分県の県木・豊後梅

大分県

柞原八幡宮のクス

九州東部の気候に適応した「柞原《ゆすはら》八幡宮の森」として、学術的に貴重な森林を構成している一帯。コジイ、イチイガシ、イスノキ、ヤブツバキなど多様な植物が生育し、人類文化が栄える以前の自然の姿を垣間見ることができる。階段を上り南大門左側に高くそびえる樹齢3000年の森の王者なのである。

右：根元付近には、大人が楽に数人入れるほどの空洞がある。
上：上部十数m付近で、幹分かれした一部が折れているが、創建前より存在する御神木の風格が漂う。
左：柞原は「いすはら」とも「ゆすばる」とも呼ばれ、南大門には「由原八幡宮」と書かれていた。
左下：階段を少し上った右手に樹齢400年、樹高25m、幹周り4・8mのホルトノキが立っている。大友宗麟の時代にポルトガル人が持ってきて移植したと言われている。

樹種：クスノキ　樹齢3000年
国指定天然記念物
樹高30m　幹周り19m
所在地：大分市大字八幡・柞原八幡宮

九州を代表し、全国でも3本の指に入るほど人気の観光地・湯布院。JR由布院駅から車で10分程南へ走り、大杵社《おおごしゃ》の看板を目安に、細い路地から坂道を一気に上った奥に、社殿が小さく見えるほどの巨体を現す。過去に2度、原因不明の火災に遭い、明治30（1897）年に起こった火災は10日間燃え続けたが、それが木の中の害虫駆除となって樹勢を取り戻し新芽を出すまでに蘇ったという。

樹種：スギ　樹齢1000年
国指定天然記念物
樹高35m　幹周り11m
所在地：由布市湯布院町川南《かわみなみ》・大杵社
［地図⇩73ページ］

上：近くの鳥居や木々がおもちゃのように小さく見えてしまう。
右：根元には立入禁止の柵が設けられている。社殿の周りを歩いてびっくり、階段の奥に苔むした巨大な幹が現れた。
左：小さな山郷の村だった湯布院、今の繁栄までをどんな思いで見つめてきたのだろうか。

大分県

大杵社の大杉

くじゅう連山・黒岳登山口の「日本名水100選」、湧水男池《おいけ》の入口から整備された遊歩道を5分程歩く。男池のすぐ傍に立つ大きな岩をまたぐ姿は、横に立つ岩を掴む「おひょうの木」とともに恰好の撮影スポット。男池は阿蘇野《あその》川の源流で、周囲には「水源の森100選」として手付かずの原生林が生い茂り、一日2万トンもの名水が湧き出している。

右：太い幹が上部5m付近で2本に分かれる。一帯はブナやカエデの原生林。
右下：とろけるような舌触りの湧水目指して、ペットボトルやポリタンク持参の観光客が絶えない。
左：岩を掴んだ巨大ナメクジのような姿。手前に咲く花が可憐で可愛い。

樹種：ケヤキ　樹齢（不明）
樹高30m　幹周り6・8m
所在地：由布市庄内町阿蘇野

大分県

男池のケヤキ

樹種：ソテツ　樹齢800年
国指定天然記念物
樹高6・4m　幹周り4・5m
所在地：速見郡日出町・松屋寺

大分県

松屋寺の蘇鉄

その昔、外国貿易を行っていた大友宗麟が南方より取り寄せ、府内城（前大分県庁）に移植した。その後、日出《ひじ》藩2代藩主の木下俊治《きのしたとしはる》公がここ松屋寺《しょうおくじ》に移植したとされる。

木下家の位牌堂や千手観音、不動・毘沙門像が安置される由緒あるお寺で、木下家代々の墓が並んでいる。

右：本堂を隠すほどに生長した日本一の巨大ソテツ。

右下：国道から少し入った所だが、山門の前にある立て看板は人目をひく大きさだ。

下：枝張りは何と10ｍもあり、這いだしてきそうな動物に見えてしまう。

魚見桜

右半分は枯れている老木で、開花が早く彼岸の頃に咲くので「彼岸桜」とか、旧庄屋屋敷にあることから「庄屋桜」とも呼ばれる。地元の漁師さんがこのサクラの咲き具合を見て漁の準備をしたことから「魚見《うおみ》桜《ざくら》」と呼ばれ、マスコミでもこの呼称で統一されたようである。毎年3月中旬の日曜日に「魚見桜まつり」が開かれ、イベントも盛り沢山。木までの道幅が狭いので、祭り当日は車の離合には注意していただきたい。

樹種：ヤマザクラ　樹齢450年　町指定天然記念物
樹高12m　幹周り3m
所在地：速見郡日出町大字豊岡
［地図⇩78ページ］

上：今年は開花が早くなりそうだとの情報で向かったが、前日の強風でかなり散っていた。とても繊細な老木なのだ。
下：桜が散って、祭りが終わった平日だが、「宴」は終わらない。
08・3・18撮影

大分県

菅原の大カヤ

延喜元（901）年、菅原道真公が大宰府へ向かう途中、学友でもあった浄明寺の住職・観応に会うため立ち寄った。昔、菅原《すがわら》天満宮は浄明寺の境内にあったという。当時、深い雪であったために約1カ月滞在した際、このカヤの枝に自身の像を刻み残したと言い伝えられている。菅原天満宮の御神体として大切に祀《まつ》られている。

樹種：カヤ　樹齢1500年
町指定天然記念物
樹高12m　幹周り7・7m
所在地：玖珠郡九重町菅原本村・菅原天満宮

▽一部損傷もあるかなりの老木だが、樹勢の衰えは感じない。天満宮境内ではなく、道を挟んだ水田の奥に立つ。

高塚地蔵のイチョウ

その昔、僧行基《ぎょうき》がこの地に立ち寄り、言いようのない霊気を感じたという。この大イチョウに上り、光る乳房の形をした宝珠を発見し1体の地蔵菩薩を彫った。以来、このイチョウは「乳銀杏」と呼ばれ、子宝を恵む、母乳が出る、子の健やかな成長を叶える霊樹として、全国から参拝に訪れる人が絶えない。

樹種：イチョウ　樹齢1000年
県指定天然記念物
樹高24ｍ　幹周り5・8ｍ
所在地：日田市天瀬《あまがせ》町馬原《まばる》・高塚《たかつか》愛宕地蔵尊

上：2本の巨大な枝を屋根にどっかりと降ろす。
下：晩秋の夕暮れ時に撮影したが、絶え間なく参拝客が上ってくる。

叢雲の松

八坂神社は古くは祇園社として日隈山《ひのくまさん》にあったが、慶長３（１５９８）年の火災で神社を田島に移し、宝永３（１７０６）年に現在の隈町《くままち》に祀《まつ》られた。

この松の樹高や幹周りではなく、社殿を半周する枝張り35mを目にした時の驚きは、とても言葉では表現できない。叢雲《むらくも》という名称は、その形状から郷土史家の千原古泉によって命名されたという。

樹種：マツ　樹齢300年
県指定天然記念物
樹高３ｍ　幹周り２ｍ　枝張り東西35ｍ
所在地：日田市隈・八坂神社

▽根元からブリッジして四方に伸びている。社殿奥から神社入口までを撮影。このマツの全景撮影は不可能なのだ。

上：民家に覆いかぶさる満開のシダレザクラ。歩道から見上げると天から降ってくる感じがする。
右：記念写真を撮る人たち。歩行者は道路の横断に、ドライバーは、桜ではなく突然の飛び出しに注意しよう。

大分県

大原のシダレザクラ

大原《おおはら》八幡宮下の民家にある桜で、道路に面しており、枝先を通行人に届くほど垂らしている。満開の時期はソメイヨシノより1週間程早く、ライトアップも行われる。歩行者はもちろん、運転中のドライバーまで見とれてしまい、徐行運転になってしまいがち。妖艶な一本桜なのだ

08・3・31撮影

樹種：シダレザクラ
樹高14m　幹周り2m
所在地：日田市田島
（個人邸）
［地図⇩83ページ］

▽歩道にまで垂れ下がる枝先。

山蔵のイチイガシ

ワインで有名な安心院《あじむ》町の北部山裾から山蔵《やまぞう》の集落を見下ろす大樹。イチイガシ部門で全国3位の巨樹で、根周りは12mを超える。昔、主幹の空洞内に石祠が祀《まつ》ってあったが、生長とともに締め割ってしまったという。山蔵地区の守護神なのだ。

樹種：イチイガシ　樹齢1000年
県指定天然記念物
樹高24m　幹周り8・2m
所在地：宇佐市安心院町山蔵

上：どっしりとした重量感あふれる幹に注連縄がかけられている。
右：根周り12mは伊達じゃない。二人で1周すると隠れん坊ができる。

西椎屋の大イチョウ

拝殿の西側にそびえる大イチョウで、昔、滝壺に棲んでいた大蛇を鎮めるために水神が祀《まつ》られたという。幹の周りに点在する「乳房様」と呼ばれる気根に触ると、母乳促進剤としての効果があるとの言い伝えがあり、参拝する人が多いという。

上：春の芽吹きを待つ裸の大イチョウ。幹の太さがよく分かる。
右：幹周りに垂れ下がる気根。

樹種：イチョウ　樹齢1300年
市指定天然記念物
樹高40m　幹周り10m
所在地：宇佐市院内町西椎屋《にししいや》・椎屋神社

静かな小柿山《おがきやま》集落にある光円寺《こうえんじ》は、天文2（1553）年に現在の玖珠《くす》町に創建され、後にこの地に永住再建された。現在の建物は130年余り前に建てられたものという。

小高い所にある境内から門前の道に大きく垂れ下がる姿は、筆舌に尽くしがたい美しさで、樹種も珍しいシダレザクラと言われる。

上：小高い丘上にある光円寺。

下：撮影の帰り、耶馬溪町では温泉まつりが行われていた。花見気分でのどかな一日だった。

左ページ：妖艶なピンクのシダレザクラが降りそそぐ。「この10年間で最高の色づき、状態も今がピーク」と、毎日見ているご近所の方に言われた。初めて来て得をした気分だった。

90－91ページ：少し離れて小高い所から撮影した。望遠レンズの圧縮効果が「滝桜」を演出してくれた。

08・4・5撮影

樹種：シダレザクラ　樹齢350年

市指定天然記念物

樹高10ｍ　幹周り3ｍ

所在地：中津市耶馬溪大字深耶馬《しんやば》・光円寺

大分県

光円寺のシダレザクラ

深泉寺のシダレザクラ

深泉寺《じんせんじ》は応永2（1395）年に開山された曹洞宗の古刹《こさつ》である。毎年、サクラ開花時期の1週間は「深泉寺桜まつり」が開催され、静かな山村がひときわ賑やかになる時期で、開催期間中は神楽やマジック・ショーなどイベントが盛り沢山に催される。

08・4・5撮影

上：四方を支えられた老木だが、ピンク色の可憐な花を咲かせる。
右下：境内では地域住民の方々によるカラオケ・ショーの真っ最中、宴もたけなわだった。

樹種：シダレザクラ　樹齢250年
樹高10m　幹周り2・5m
所在地：中津市三光《さんこう》上深水《かみふこうず》・深泉寺

熊本県の巨樹

熊本県の県木・クスノキ

熊本県の高校野球大会のメイン会場として、市内中心部の小高い場所に位置し熊本城の隣にある藤崎台《ふじさきだい》球場。外野席バック・スクリーンの裏に7本のクスノキが群生し、緑豊かな公園として整備されている。群生として天然記念物に指定されるのも珍しく、巻末紹介の「全国巨樹・巨木林調査」ではＴＯＰ50に入っていないが、中の1本は幹周りがなんと20ｍもある。ここは、かつて王貞治氏が現役最後のホームランを放った球場でもある。クスノキたちはどんな思いで見つめていたのだろうか。

上：球場スタッフの方に許可をいただき、バッターボックスから撮影したクスノキ群。
右：木漏れ日が心地よいクスノキの公園を散策する。
左：高台にあって、熊本市内を見下ろすことができる。

熊本県

藤崎台のクスノキ群

樹種：クスノキ　樹齢800年
国指定天然記念物
樹高22・5m　幹周り20m（最大のクスの計測値）
所在地：熊本市宮内《みやうち》

樹種：クスノキ　樹齢800年
県指定天然記念物
樹高29ｍ　幹周り13・3ｍ
所在地：熊本市北迫町

熊本県

寂心さんのクス

熊本市の北部、北迫《きたざこ》町ののどかな高原にひときわ目立つ緑の森、天に向かって広がる枝張りは何と60mもある。名の由来は、隈本城を中心に勢力を伸ばした鹿子木《かなこぎ》親員《ちかかず》入道《にゅうどう》寂《じゃく》心《しん》、天文18（１５４９）年没の墓が根元に埋まっていることからだという。北迫の人々は、毎年1月11日にこの木の下で神事を行い、新年の出発の日としているそうである。

クス周辺には肥料なのか牛糞が撒かれ、周りには障害物もなく日当たり抜群。これほどまでに元気の固まりのようなクスノキは初めて出合った。国指定ではなく県の指定に留まっていることが不思議なほど完璧で、筆者お奨めの巨樹と言っても過言ではない。駐車場、トイレ、公園も完備されている。

上：駐車場付近から広角レンズで撮影したが、全体をフレームに納めるには遠ざかるしかない。空一杯に広がる60mの枝張り。

左上：老木の支え棒は色々見てきたが、こんな〝橋桁〟は初めて見た。

左下：根元から違う樹もまたぐように共存している。

98－99ページ：巨象とたわむれるイメージで撮影した。太い幹が幾本にも分かれ、人が呑み込まれてしまいそうだ。

熊本県

田原坂公園の大クス

1877年、薩摩軍と政府軍が17日間にわたる戦闘を繰り広げた西南戦争の激戦地・田原坂《たばるざか》。一日32万発の弾丸が飛び交い、大クスも無数の銃弾を浴びた。園内には生々しい弾痕の後が残る家（復元）や慰霊塔、記念碑がある。撮影中、民謡「田原坂」がいつまでも流れていた。

上：主幹を大砲で傷つけられ埋められているのか、地上数m付近で枝を横に伸ばしている。
下：西南戦争100年を記念して、「馬上の美少年像」が作られた。

樹種：クスノキ　樹齢250年
樹高20m　幹周り5m
所在地：鹿本郡植木町豊岡

熊本県

相生の椋と榎

泗水《しすい》中学校敷地内の正門近くにあり、先生の許可をいただいて撮影した。ムクノキとエノキの幹が絡まって、一本の幹を成す珍しい自然木。しかし、2004年の台風でエノキの主幹上部が折れてしまった。

◁上部で合体した部分。右が折れたエノキ。

◁向かって左、折れたエノキの上部がないので、右に傾いたように見える。

樹種他：ムクノキ＝樹高15m 幹周り3・5m／エノキ＝樹高（損傷前）20m 幹周り3・8m 樹齢各200年 県指定天然記念物

所在地：菊池市泗水町豊水《とよみず》・泗水中学校

地元の人に伺うと「ああ、天神さんね」とすぐ教えてくれた。村吉《むらよし》小学校（１８７５〜８８年）跡に立ち、周りを竹林に囲まれているため、台風被害をある程度免れてきたのだろう。根回りの土は洗い流されてしまったのか、大人の背丈ほども根上がりしており、昔は小学校の児童たちが中をくぐって遊んでいたらしい。どことなくグロテスク、しかし何となくユーモラス。憎めない友達のような巨樹なのである。

樹種：イチイガシ　樹齢（不明）　市指定天然記念物
樹高20m　幹周り7・2m
所在地：菊池市泗水《しすい》町吉富
［地図⇩101ページ］

下：集落への道路沿いにある入口から、階段を上っていくと、左側奥に見えてくる。
一番下：高く広く盛り上がった根周り。巨大なクモが這うような姿をしている。
左：力士の土俵入りのようなポーズで決めている。

熊本県

村吉の天神さん

熊本県

将軍木

菊池高校の正門横に、道路にかぶさるように支えられている。南北朝時代に征西将軍懐良《かねなが》親王お手植えの木と伝えられ、その名の由来とされている。主幹部にやや傷みが見られ、大きな輪で括られ補強されてはいるが、太い幹や枝は活力満々で樹勢は旺盛であろうと思える。

上：車や歩行者を見下ろすように立っている。

左：菊池神社創建の際、ここに仮宮《かりみや》を設けたとのことで、今も記念の神事が行われている。

樹種：ムクノキ　樹齢600年
県指定天然記念物
樹高16m　幹周り8m
所在地　菊池市隈府《わいふ》土井の外（菊池神社管理）

熊本県

妙蓮寺の樟

妙蓮寺《みようれんじ》は、寛永18（1641）年に本妙寺の末寺として建てられたが、1894年に本堂が火災に遭い、クスの西側の枝が焼け落ちた。さらに南側は落雷により不朽が見られるが、まだまだ樹勢はよい。また、根元には1876年、不平士族が起こした神風連《しんぷうれん》に襲撃の部隊長として加担した吉村義節《ぎせつ》の石碑がある。

樹種：クスノキ　樹齢600年
県指定天然記念物
樹高33ｍ　幹周り7・8ｍ
所在地：菊池市隈府《わいふ》立町・妙蓮寺 ［地図⇩104ページ］

上：妙蓮寺の外に出て撮影した。主幹の中央からたくさんの枝を広げ、夕日を浴び黄金色に輝く。ご近所の方に教えていただいた撮影ポイント。

左：根元の左側に石碑が見える。

大野下の大ソテツ

個人邸内にあり、当家は明治の初期、それまでの姓をその名も蘇鉄姓に改め、現在16代目として大切に受け継がれている。「精霊が宿る木」と言われ、その昔、留守中に精霊が機織りをする音が聞こえる、と村中に噂が広まり、それ以来泥棒が入らないという言い伝えがある。

ひとこえ声をかければ、快く見せていただける。

上：羽を広げたクジャクにも見えると言われ、自重を支えきれず20本の支柱で支えられている。

下：巨大蘇鉄の花。子供の頭ほどの大きさにびっくり。

樹種：ソテツ　樹齢1000年
　国指定天然記念物
樹高4・5m　幹周り11m（最盛
　期の根元周囲）
所在地：玉名市岱明《たいめい》町大野下《おおのしも》（個
　人邸）

鉾納社の夫婦杉

小国町は林業が盛んで、その強度や美しい柄で全国的に有名な「小国杉」の産地。スギ巨木も多く、国道387号沿いを走ると、小高い森に仲良く立つ2本杉が見える。境内には町指定天然記念物のケヤキの古木もあり、太古の歴史を感じる空間で、すぐ横の坂本善三美術館とともに「新熊本100景」に指定されている。

◁夫婦楽しく踊っているように見え、微笑ましい。

◁隣にある坂本善三美術館。

樹種：スギ　樹齢700年
樹高30m　幹周り＝男スギ6・4m　女スギ5・7m
所在地：阿蘇郡小国町黒渕《くろぶち》

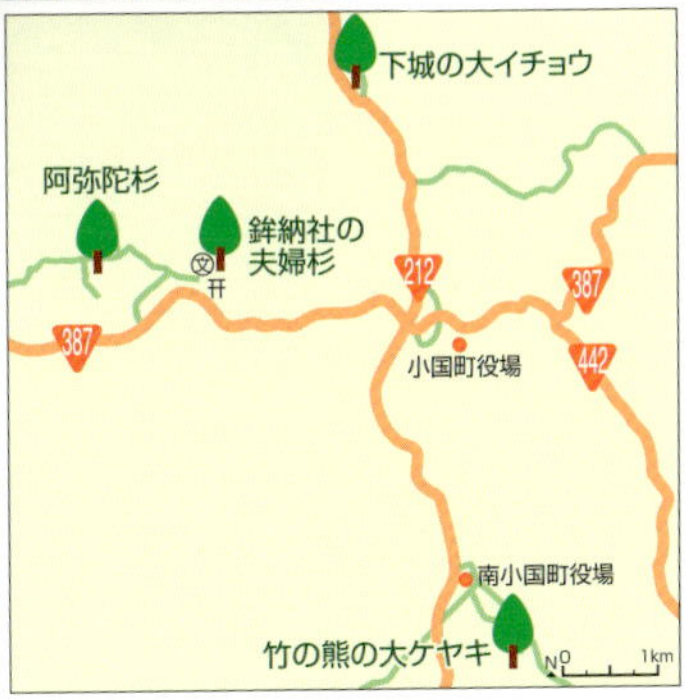

下城の大イチョウ

右：四方に広がるひこばえが一帯に広がる。

下：ぐるっと1周散策。サクッ、サクッ！と落ち葉を踏む感触が心地よい。

一番下：広く伸びた枝から無数の葉が舞い散り、黄色い世界が広がる。

110－111ページ：青い屋根やピンクの壁と黄色のコントラストが、まるで御伽《おとぎ》の国のようだ。

07・11・16撮影

樹種：イチョウ　樹齢1000年
国指定天然記念物
樹高25ｍ　幹周り9・6ｍ
所在地：阿蘇郡小国町下城
［地図⇩107ページ］

根元からたくさんのひこばえが伸び広く大きな枝張りが特徴で、対岸の国道212号から遠く眺めるとその広がりが確認できる。紅葉の季節は一帯を黄色い絨毯が埋め尽くし、観光客が絶え間なくやって来る。平安時代に、この地で亡くなった乳母を偲んで植えられたと言われる。

大イチョウの前の道路側からは下城《しもじょう》滝が見え、ともに小国町自慢の観光スポットになっている。

熊本県

阿弥陀杉

以前は、阿弥陀仏に似て扇状に広がる巨大な姿だったが、1999年の台風で3分の2以上を失ってしまった。風圧を受けやすい姿がかえって仇《あだ》になったのだろうか、現在は手を広げて親指の部分だけ残ったような姿である。折れた枝は安置されるかのようにそばに置かれ、周辺も整備され小国町のシンボルのように大切に保存されている。

上：損傷前はどれほど巨大だったのだろう。前に立つ人が豆粒に見える。
右：横たわる折れた枝。トラック1台分の大きさと言っても過言ではないほどだ。

樹種：スギ　樹齢1300年　国指定天然記念物
樹高38ｍ　幹周り11・6ｍ（最盛期）
所在地：阿蘇郡小国町黒渕《くろぶち》
［地図⇩107ページ］

熊本県

竹の熊の大ケヤキ

大きな幹周りはケヤキ部門でも有数のものと思われる。中央の大きな空洞の跡は、数十年前の台風の爪痕だそうだ。かなりの老木で、「風が強い日は近くに立つと枝が落下するかもしれず危険」と看板で警告してある。

樹種：ケヤキ　樹齢１００年　国指定天然記念物
樹高30ｍ　幹周り11・６ｍ
所在地：阿蘇郡南小国町赤《あか》馬場《ばば》・菅原神社
［地図⇩107ページ］

上：ケヤキも案内板も神社も、年季が入っていて歴史の深さを実感する。
左：集落の奥、路地裏を真っ直ぐ行くと巨大な木立ちに、一目でそれと分かる。

上：南阿蘇外輪山をバックに満開を謳歌する。観光客も撮影に余念がない。
右：土産店や食事処が軒を連ねる。
左：青い空、満開の菜の花と桜。行き交う誰もが笑顔、笑顔、春うららで幸せなひととき。
08・4・11撮影

一心行の大桜

天正8（1580）年、島津軍との戦いに敗れた矢崎城主の墓が根元に眠っている。子と妻が一心をこめて行を修《おさ》めたことから、一《いっ》心行《しんぎょう》（経）と名付けられた。最盛期は、満開時に丸く半円形に広がる見事な樹形だったが、1994年の台風で枝の一部が折れ、M字型になってしまった。しかし、マスコミには常に取り上げられるほどメジャーな桜で、満開前後の1週間は観光バス・ツアーや一般観光客の車の列が並び、広い有料駐車場が満車になるほどの人気ぶりである。ライトアップも行われ、昼夜を問わず絶え間なく人がやって来る。

樹種：ヤマザクラ　樹齢400年
樹高16ｍ　幹周り6ｍ
所在地：阿蘇郡南阿蘇村中松字西古閑原（個人所有）

高森町の東側外輪山にある清栄《せいえい》山の牧場の一角にこんもりとした森があり、中に入ると異様な樹形のスギが2本立っている。根元からU字型に湾曲して天に向かい、もう1本はうねるように触手のようなたくさんの枝を四方に伸ばし、鬼気迫る雰囲気を醸し出す。国道325号線と国道265号線の交差点を、高千穂方面に向かう村山交差点左側の細い道を数百m上る。視界が開けると牧場が右側に見え、奥の盛り上がった森が目印。

樹種：スギ　樹齢400年
樹高25m　幹周り＝5・7mと12・6mの2本
所在地：阿蘇郡高森町大字高森

熊本県

高森殿のスギ

上：幹周り1mはあろうかという太い枝を何本も四方に伸ばす。

右端：異次元空間に迷い込んだような不思議な森。暗い天候の時に入るには勇気がいるかも。

右：木の立て看板がある所から斜面を降りてすぐ。

左：湾曲して伸びる太い方のスギの奥に、無数に枝分かれするもう1本の妖スギが見える。

熊本県

草部吉見神社の大杉

神武《じんむ》天皇（初代天皇）の第一皇子・日子《ひこ》八《や》井命《いのみこと》他12柱を祀る神社。草部《くさかべ》の名の由来は宮居の壁を草で葺いたことから。高森町と高千穂町とを結ぶ国道325号から神社に入る道側に看板がある。宮崎県の鵜戸《うど》神宮とともに、日本でも珍しい「下《くだ》り宮《みや》」として有名。鳥居をくぐり長い階段を下りていくと、神社の左方面の下がった一角に高くそびえ立つ。

樹種：スギ　樹齢700年
樹高40ｍ　幹周り7・7ｍ
所在地：阿蘇郡高森町草部
・草部吉見神社
［地図⇩116ページ］

上：40ｍを超える巨スギの全景は、とても1枚の写真には納まらない。
左：長い下り階段奥に神社が見える。

熊本県

麻生原のキンモクセイ

樹種：キンモクセイ　樹齢700年　国指定天然記念物
樹高18m　幹周り3m
所在地：上益城郡甲佐《こうさ》町麻生原・麻生原居屋敷観音

上：緑生い茂る日本一のキンモクセイ。
左下：一時、樹勢の衰えが心配されたが、治療が施されたそうだ。

麻生原《あそばる》居屋敷観音の境内にあり、地上4m付近で3支幹に分かれ、枝張りは11mにも達する、日本一のキンモクセイの巨樹である。秋の彼岸の時期に黄色い花を2回咲かせ、一帯に甘い香りを漂わせる。

高千穂方面に向かう国道218号沿い、竜宮大橋の手前から左折して右側に竜宮滝を見ながら道路を進むと、広い田んぼに出る。その遙か丘の上に、1本の見事な唐傘松が立っている。丘へ続く狭い道を上っていき、邪魔にならない所に駐車して歩くこと3分。遠くから眺めた松とは桁外れの枝張り30mの大きな傘が広がっている。

上：生長しすぎて松の葉が地上に垂れ下がってきたため、幹から15m四方を立入禁止域として柵が設けられている。
右：松の側に立つ石碑。
左：風圧にもよく絶えたものだと感心する。遙か昔より、農作業を行う人の生活を見下ろしてきたのだろう。

熊本県

池尻の唐傘松

樹種：アカマツ　樹齢300年

県指定天然記念物

樹高8m　幹周り2・9m

所在地：上益城郡山都《やまと》町上川井野《かみがわいの》

熊本県

野尻の大ケヤキ

国道218号を高千穂方面に向かって右側、小道に沿って野尻《のじり》地区へ下りていくと薬師堂があり、その後ろに立つ。2本のケヤキは地上5m付近で合体して特異な形態を保ち、さらにその横には幹周り4m程のタブノキまでが横一列に並んでおり、三位一体の大きな枝張りを誇示しているかのようである。

樹種：ケヤキ　樹齢700年
県指定天然記念物
樹高24m　幹周り7m
所在地：上益城郡山都町野尻　[地図⇩121ページ]

上：薬師堂の境内にある。
左：合体したケヤキとタブノキが仲良く一列に並んでいる。
下：番人が睨みをきかす。

宮崎県の巨樹

宮崎県の県木・フェニックス

宮崎県

高千穂神社の秩父杉

高千穂神社は垂仁《すいにん》天皇が創建、日本神話における天孫降臨の舞台として日向三代の宮である高千穂宮が置かれた地とされる。人々を苦しめた荒神を退治した三毛野命《みけののみこと》と妻子神を十社大明《じつしやだいみよう》神《じん》として祀《まつ》ったのが始まりとされている。境内にある「秩父杉《ちちぶすぎ》」は鎌倉時代、源頼朝の名代として秩父の畠山重忠《はたけやましげただ》が天下泰平の祈願に訪れた際のお手植えのスギと伝えられている。

右：本書紹介の巨樹で、樹高第1位の長身。

上：木肌のなめらかさといい真っ直ぐさといい、最も美しいスギと言っても過言ではない。

左上：地面には無数の根が走っているため、つまづかないよう注意しよう。

左下：境内にはたくさんのスギが立ち並び、真昼でも暗い。この2本スギは「夫婦杉」と呼ばれ根元が一体化しており、夫婦や婚約者と手をつないで3周回ると家内安全、子孫繁栄の願いが叶うと言われている。

樹種：スギ　樹齢800年
樹高55m　幹周り7・15m
所在地：西臼杵郡高千穂町三田井《みたい》・高千穂神社

宮崎県

下野八幡宮のケヤキ

下野《しもの》八幡宮は延暦元（782）年に創建された神社。高千穂神社や天岩戸神社のように観光客が多い所ではなく、町内から国道325号を高森方面に北上して奥に入った静かな集落の中にある。入口に門番のような「逆さ杉」と呼ばれる巨大スギが立ち、社殿の一番奥に立つケヤキに行き着くまで、大イチョウや「有馬杉」も待ち構える。巨樹ファン必見で、筆者も夕暮れまで時間を忘れるほど滞在してしまった、お勧めの神社。

樹種：ケヤキ　樹齢800年
国指定天然記念物
樹高30ｍ　幹周り9・5ｍ
所在地：西臼杵郡高千穂町下野・下野八幡宮　［地図⇩125ページ］

右：最上部の社殿横にどっしりと佇むケヤキ。下野八幡宮の巨樹群を統括する殿様のような風格の持ち主である。

上：入口に立つ幹周り30ｍの巨大スギ。遠くから見ても目印になり分かりやすい。

下右：阿像の背後に立つ「有馬杉」。幹周りは6ｍもある。

下左：国指定天然記念物の大イチョウ。幹周り9ｍもある老木で、神社側からは全景が見えにくい。

八村杉

椎葉村の奥、十根川《とねがわ》集落に立ち天を突く巨大な一本杉。神社入口のスギやすぐ横のイチイガシの老木とは明らかに一線を画す。全く傷みも感じられず、これだけ生長してもまだまだ樹勢は衰えていないようだ。一体どこまで生長し続けるのだろうか。椎葉村のシンボルと言っても過言ではないだろう。

右：宇宙ロケットの発射台にやってきた感じがする。

右下：森の奥に抜きん出て見える「八《や》村杉《むらすぎ》」の最上部。

樹種：スギ　樹齢800年
国指定天然記念物
樹高54・5m　幹周り13・3m
所在地：東臼杵郡椎葉村下福《しもふく》良《ら》字十根川・十根川神社

宮崎県

大久保のヒノキ

「八村杉」から山道を少し上った大久保《おおくぼ》集落の奥、駐車場が完備され細い道を歩くこと数分、視界に入った途端に霊気を感じる。赤い木肌を持ち、根元付近からたくさんの枝を主幹に絡みつくように伸ばしている。30m程の広い枝張りで、うねる、曲がるといった独特の風貌。この形状が幸いしたのか、木材としては役に立たずと判断され、今まで生き残れたのかもしれない。

樹種：ヒノキ　樹齢800年
国指定天然記念物
樹高32m　幹周り8m
所在地：東臼杵郡椎葉村下福良字大久保

［地図⇩128ページ］

上：道に立ち塞がる生き物のような風貌。何の予備知識もなく出くわしたら、きっと腰を抜かすに違いない。

左：斜面にヒノキの周りを一周歩けるよう小道が造られ、様々な角度から見ることができる。

舞鶴公園となった旧高鍋《たかなべ》城跡にある舞鶴神社。その奥、崖縁に道路に突き出て斜めに立っている。１９４５年の台風で、三十数ｍあった主幹が折れ樹高は半分になったが、懸命な治療で樹勢は保たれている。

宮崎県 高鍋の大クス

右上：国道にはみ出すように傾く姿が特徴。倒れてきそうで心配になる。

右下：折れた巨大な枝が置かれていた。

上：訪れた時は、折れた枝部分の治療中であった。

左：ご多忙な中、親切にご説明下さった樹木医の高橋秀量先生と奥様（写真中央のお二人）。

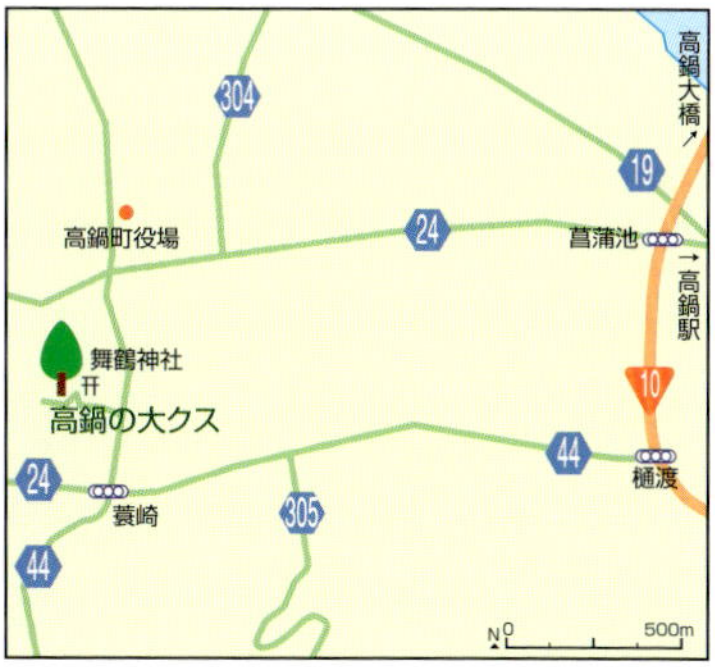

樹種：クスノキ　樹齢500年
国指定天然記念物
樹高16m　幹周り10・3m
所在地：児湯郡高鍋町大字上江《うわえ》・舞鶴神社

宮崎県

妻のクス

都万《つま》神社は木花咲耶姫《このはなさくやびめ》を祀る。都万は「妻」のことで、祭神が瓊瓊杵尊《ににぎのみこと》の妻でありここで新婚生活を送ったとの言い伝えが残る。創建時期は不明だが、近くに西都原《さいとばる》古墳があり、古くから祀《まつ》られていた神社だと思われる。数々の神話・伝説を見てきた大クスは、40mもの高さを誇っていた老木だが、台風や火災で折れて焼けただれ、樹形が歪むように変形してしまった。

上：白骨化したように白くなり、ぽっかりと口を開けた姿から何かを叫んでいるようだった。
右：四方をたくさんの棒で支えられているが、青々とした葉が生い茂り、その生命力には心底驚かされる。

樹種：クスノキ　樹齢1200年
国指定天然記念物
樹高18m　幹周り9・8m
所在地：西都市大字妻・都万神社

宮崎県

上穂北のクス

根回りが22mもあり、安定度抜群で、主幹には傷みも見られぬ巨大なクス。「妻のクス」と同様に国指定の文化財として保護されている。広い根周りが特徴で、樹形のバランスに優れた若々しいクスである。

南方《みなみかた》神社では毎年11月に「南方神楽」が奉納され、笛や太古などで幻想的な舞が披露されるという。

樹種：クスノキ　樹齢800年
国指定天然記念物
樹高42m　幹周り10m
所在地：西都市南方・南方神社　［地図⇩132ページ］

上：22mの根周りを取り囲む柵。老木とは思えぬ勢いが感じられる。
左：樹形が美しいクス。左に低く突き出た枝に特徴がある。

田んぼの中にぽつんと立ち、ソメイヨシノより早く満開を迎える1本のヤマザクラ。根元には寛文13（1673）年に建てられたという庚申塔《こうしんとう》がある。中国の道教思想に由来する庚申講といい、60日に一度巡ってくる庚申《かのえさる》の日に健康長寿を祝い、夜眠らずに過ごす行事を行った記念に建てられた。地域親交を深める意味がこのサクラにこめられているかもしれない。

樹種：ヤマザクラ　樹齢150年
樹高15m　幹周り3・6m
所在地：東諸県郡国富町大字八代《やつしろ》南俣《みなみまた》

上：この桜の存在を知った時、晴天の日に訪れたいと願っていたが天は我に味方した。その理由はこの写真を見ればお分かりいただけると思う。
右：六分咲きだったが、美しい姿を披露してくれた一本桜。

宮崎県

大坪の一本桜

左：現場に到着後、地元西都市で活動中の画家弥勒祐徳《みろくすけのり》先生が来られ、サクラを描き始められた。題して「画家と桜」。多くのファンに囲まれていた。

下：サクラの根元には可愛いフクロウが置かれていた。新富町で「夢工房」として活動されている菊地美智子さんの作品。

08・3・25撮影

宮崎県

竹野のホルトノキ

全国2位のホルトノキで、以前はすぐ横にカエデの巨木も立っていた。戦国時代、肥田木《ひだき》城主が息子の墓石の標木として植えたとされている。ここ竹野地区は静かな山村で、田畑の横道を回りながら上っていくと看板が立つ森に到着する。

上／右：森に入ると巨大な姿を確認できるが、看板がなかったらなかなか見つけにくい所だ。

左：昔ながらの集落で春香る季節。色とりどりの梅や桃が咲いていた。

樹種：ホルトノキ　樹齢350年
国指定天然記念物
樹高18m　幹周り6・3m
所在地：東諸県郡綾《あや》町北俣《きたまた》

［地図⇩134ページ］

宮崎県

去川のイチョウ

国道10号沿い、旧薩摩街道の去川《さるかわ》関所跡から山道に少し入った所にある。秋になり色づいた巨大イチョウは見つけやすい。1993年の台風でたくさんの枝を犠牲にしたそうで、蘇生治療が懸命に行われた。戦国時代に活躍した島津忠久が植えたとされている。

樹種：イチョウ　樹齢800年
国指定天然記念物
樹高41ｍ　幹周り11ｍ
所在地：宮崎市高岡町内山

上：比較対象物が周りにないので41ｍという樹高をあまり感じないが、本書紹介のイチョウ樹の中で最大の樹高を誇る。
左：立派な石碑にステージライトのように木漏れ日が射していた。
08・11・22撮影

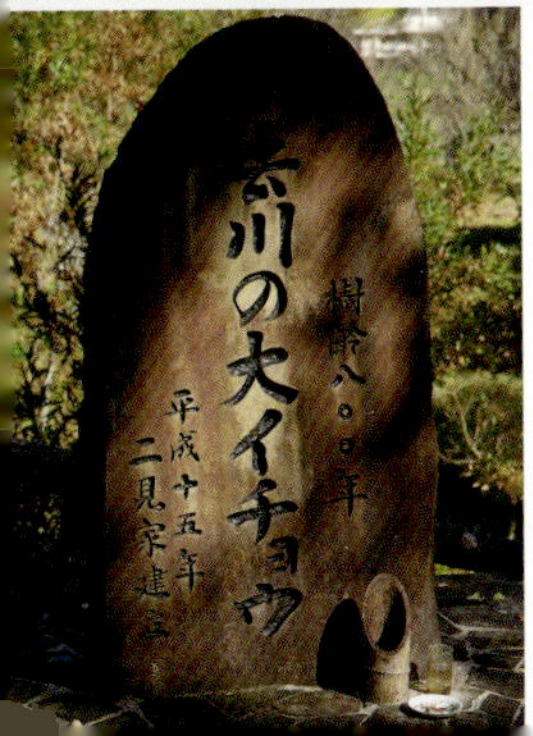

地元では「八幡さん」と呼ばれる宮崎県最大のクスノキ。南北37mもの広い枝張りを持ち、主幹はぽっかり口を開けている。戦時中はこの中が防空壕に利用されたそうだ。境内は地元の子供たちの遊び場となっており、カメラを抱えた私に向かって元気な挨拶が返ってきた。とても清々しい気分で神社を後にした。

上：右横から見ると、大きな目と口を開けた海亀にも見える。
右：境内の斜めに立つ若いクスは、子供たちの恰好の「滑り台」になっていた。
左：角が生えた獣のように見える。

樹種：クスノキ　樹齢900年
国指定天然記念物
樹高25m幹周り13・2m
所在地：宮崎郡清武町船引《ふなひき》・船引神社

宮崎県

清武の大クス

宮崎県

内海のアコウ

宮崎最大の観光ルートである海岸線、国道220号沿いにはたくさんのアコウの木がある。「内海《うちうみ》のアコウ」、「鵜戸《うど》のアコウ」、「富土《ふと》のアコウ」、と続き、離島である「大島のアコウ」を総称し、名付けて〝日南アコウ街道〟と呼んではどうだろうか。内海のアコウは国道横の野島神社境内にあって、大きく枝を伸ばし2体が肩を組むようにつながっている。近くにはバナナの木もあって、南国ムード満点である。

上：まるで全身をボロボロの包帯で包まれたミイラ男のような姿だ。

右下：この写真は、鵜戸神宮参道に根を張るアコウ。千差万別、様々な樹形のアコウがあるものだ。

樹種：アコウ　樹齢400年
国指定天然記念物
樹高15ｍ　幹周り6・9ｍ
所在地：宮崎市大字内海字磯平・野島神社

宮崎県

富士のアコウ

内海のアコウからさらに国道を南下、富士《ふと》の海水浴場付近から富士川沿いに西へ進むと集落が見えてくる。家屋のやや手前にミカン畑に入る坂道を100m程上った所に立つ。主幹全体を着生植物で被われて、アコウ特有の複雑に気根が絡み合った樹形を見られず残念だった。宮崎県最大と言われるアコウ本来の巨体を見たかった。

樹種：アコウ　樹齢170年
樹高35m　幹周り9m
所在地：日南市大字富士
［地図⇩140ページ］

上：見上げるほどに大きな姿。着生植物に巻かれた大きなタワーだ。
左：民家の手前、道路沿いから細い山道を100m上った所。この姿では単なる森に見えてアコウとは判断しにくい。

宮崎県 東郷のクス

幹周りは県内7位、クスノキでは4位の巨樹で、南側にはムクノキを抱き込んで生長している。大宮神社は、この地に移住してきた豪族が住民の心を帰向《きこう》させるために建立したとされる「飫肥《おび》十一社」の一つに数えられている。

△九州の数多くのクスノキと比較すると真っ直ぐでスマートな印象だった。十数年前から害虫被害も出て治療が施されたそうで、若干の老いが感じられた。

樹種：クスノキ　樹齢700年
国指定天然記念物
樹高27m　幹周り8・9m
所在地：日南市大字東弁分《ひがしべんぶん》乙《おつ》・大宮神社

鹿児島県の巨樹

鹿児島県の県木・カイコウズ

上：道路に広く大きな影を落とす姿が印象的だった。

右：道路のコンクリートを破壊して伸びる大きな根。旺盛なクスの生命力は計り知れない力を秘めている。

左：コブだらけの主幹が長い樹齢を物語る。

鹿児島県

出水の大クス

毎年、越冬のためにシベリアや中国北東部から1万羽ものツルが飛来することで有名な出水《いずみ》市。市の方々も、道路側に根を出す元気な老木の保護保全に懸命のようだ。台風被害で大きな枝を失い、樹高より幹周り根周りのほうが大きい。恋仲を引き裂かれた恋人同士が2カ所にクスノキの種をまいた。もう一方は「蒲生《かもう》の大クス」（152ページ）との言い伝えが残る。

樹種：クスノキ　樹齢1300年
市指定天然記念物
樹高12m　根回り17・5m
所在地：出水市上《かみ》鯖《さば》淵《ぶち》渡《わた》瀬《せ》口《ぐち》

個人邸にあるが、毎年開花が近づくと阿久根市ホームページにも紹介される有名なしだれ紅梅である。一般の梅よりも早咲きのようだ。

　山眠る厳冬の時期に一足早く春を告げ、眩しいピンク色に染め上がる光景に、訪れた誰もが驚嘆の声をあげていた。

＊本書出版直前に、悲しいニュースが入った。長年手塩に掛けてこの木を育ててきた若松四郎さんが、3月下旬、この木の手入れ中に不慮の事故で亡くなられた。同市も今後、観光協会や地域の方々と協議し保存する方向で検討するとのこと。故人の意思が受け継がれていくことを祈るばかりである。

樹種：シダレウメ　樹齢100年
樹高6ｍ　幹周り1・5ｍ
所在地：阿久根市大川（個人邸）

左上：斜光線を受けた妖艶なる佇まい。
右上：赤い雪――そんなイメージで撮影した1カット。
左：阿久根市はボンタンの名産地。行き着くまでの東シナ海沿いは、様々な柑橘類の露店が並ぶ、絶景のドライブ・コースなのだ。
左端：皆、ベスト・ショットをねらって夢中になっていた。08・1・25撮影

鹿児島県

大川のしだれ紅梅

旧環境庁が１９８８年に行った全国巨樹・巨木林調査によると、幹周り21ｍで、全種類の巨樹の中でも3位とされている。これは多分、根上がりした周囲も含まれてのサイズではないかと感じた。しかし、サクラの木としては文句なしに全国１位の老木で、畏怖の念さえ感じる。

通年の開花時期を調べて訪れたが、少し早すぎた。深い森のためか、遙か上の陽が当たる部分が枝分かれしてピンク色の可愛い花を咲かせる。しかし、花は咲かずとも、この主幹を見れたら何も不満はない。巨樹めぐりとはそんなものではないだろうか。

左：この写真を見てサクラと答える人はいないだろう。まぎれもなく、600年生き続けた「森の主」なのだ。
左端：斜面に絶妙のバランスで立っている。根上がりした内部は獣の住処《すみか》になっていたらしい。太陽が当たる最上部に、とても小さなつぼみが確認できた。
下：足元にツバキと一緒に落下していたサクラのつぼみ（右）。その巨体からは想像もできないほど可憐で可愛い。
08・3・24撮影

樹種：エドヒガン　樹齢600年
市指定天然記念物
樹高28ｍ　幹周り10・8ｍ
所在地：大口市小《こ》木《ぎ》原《はら》十《じっ》曽《そ》国有林内

鹿児島県

奥十曽のエドヒガン

鹿児島県
永利のオガタマノキ

モクレン科に属する常緑高木で、2〜4月にかけて白い花を咲かせる。長崎県の「小長井《こながい》のオガタマノキ」（60ページ）とともに国指定の保存樹として大切に守られている。案内板によると、オガタマは招魂《おきたま》から転訛《てんか》した名で、タマは霊に通じ神事に欠かせないものとされている。天照大神《あまてらすおおみかみ》の天岩戸隠れの際、天細女《あめのうずめの》命《みこと》はこの木を手に舞ったという

上：意外にも、住宅地の一角のとても狭い神社の敷地内にあった。近年の台風のせいか、主幹は中央で折れていた。周りには高層建造物がないので、樹形は変わっても一目で確認できる。

右下：左の霧島メアサとともに焼酎の銘柄になる人気ぶり!!

樹種：オガタマノキ　樹齢800年
国指定天然記念物
樹高20m　幹周り8・4m
所在地：薩摩川内市永利《ながとし》町石神
・石神神社

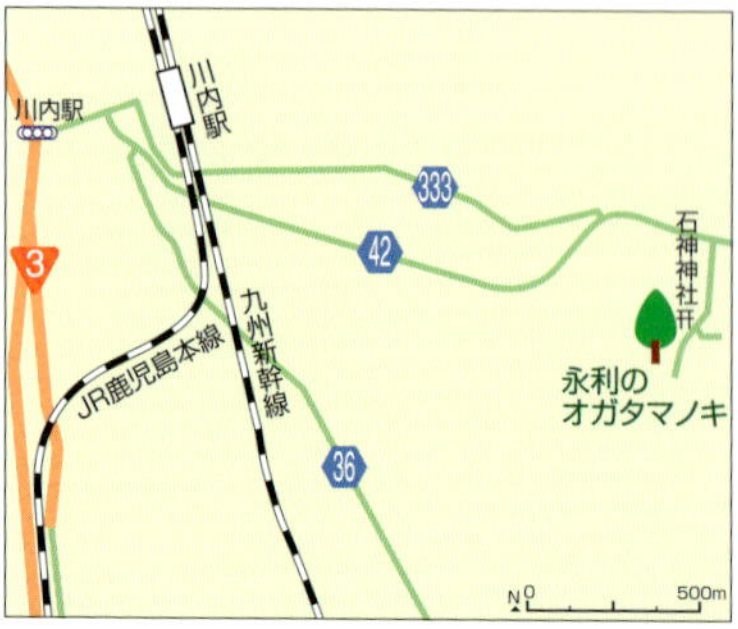

霧島メアサ

天照大神《あまてらすおおみかみ》が孫である瓊瓊杵尊《ににぎのみこと》にこの国を治めよと命じ、7人の神とともに高千穂峯に舞い降りたとされる天孫降臨神話。その瓊瓊杵尊を祀《まつ》って6世紀に創建された朱塗りの霧島神宮。神殿に向かって右側にそびえ立つ御神木で、「霧島スギ」とも言われ南九州のスギの祖先にあたるとされている。

左：参拝客を見守るかのように立っている。

左下：広い境内に一際目立つ存在で、参拝客の視線を集める。

樹種：スギ　樹齢800年

樹高35m　幹周り7・3m

所在地：霧島市霧島田口・霧島神宮

日本一の巨樹

保安4（1123）年、蒲生《かもう》院総領職であった蒲生上総介《かずさのすけ》舜清《しゅんぜい》が創建した蒲生八幡神社。創建当時より、御神木として大クスは存在していたそうで、大正11（1922）年に国天然記念物、昭和27（1952）年に国指定特別天然記念物に指定された。さらに、1988年に旧環境庁により巨樹・巨木林調査が行われ、全国6万1500本の中で日本一の巨樹であることが立証された。

蒲生町は人口わずか7500人の小さな町、日本一を誇るクスは町の最大のシンボルなのだ。また、お茶の産地としても有名で、昭和の時代は紅茶づくりも盛んだったという。現在、復活した「蒲生の紅茶」を土産店で購入できる。

左：何と根周り34m、西側には直径5mもの空洞がある。大きなコブが筋肉のようにうねり、樹勢はいささかも衰えてなく、安定感がある。

右下：神社近くの物産店「くすくす館」。観光案内コーナーもある。

下：神社がミニチュア・セットのように見えてしまう。近年の台風時に境内のスギが次々に倒れた中で、大クスは全くの無傷であったという。

樹種：クスノキ　樹齢1500年
国指定天然記念物
樹高30m　幹周り24・2m
所在地：姶良郡蒲生町上久徳《かみぎゅうとく》・蒲生八幡神社

鹿児島県

蒲生の大クス

山宮《やまみや》神社は、奈良時代前の和銅2（709）年に創建され、大同2（807）年に周辺六社と山口六社大明神となった。その後、明治2（1869）年の廃仏毀釈で現在の名に改称された。

大クスは、天智《てんじ》天皇お手植えの木と伝えられており、大きく広がる根周りは32mを超え、樹上には18科24種の植物が着生している。裏側に回ると若干の傷みも見られるが、鹿児島県内では蒲生《かもう》の大クス（前項）に次いで2番目、全国でもベスト10に入る巨樹である。

樹種：クスノキ　樹齢1200年
国指定天然記念物
樹高23・6m　幹周り17・1m
所在地：志布志《しぶし》市志布志町安楽《あんらく》・山宮神社

上：幹周り1周する木道が整備されている。大きなスカート姿のような主幹が特徴。
右：小雨降る静かな境内。
左：支柱の数が以前より減ってすっきりした感じがする。神社や鳥居が傍にあり、その大きさが強調される。
左端：駐車場まで覆いかぶさるように大きい。
156－157ページ：大地をしっかり掴む巨大な根周り。

鹿児島県

志布志の大クス

肝属《きもつき》町北部の田園地帯にはたくさんの古墳が見つかっており、現在のところ前方後円墳4基、円墳39基、地下式横穴基19基を数えている。これらは古墳時代の後期のものと考えられている。

塚崎《つかざき》の大クスは、島津忠久《ただひさ》が創建したとされる大塚神社の境内、円墳1号基の上にどっかり根を下ろしている。樹上にはオオタニワタリを始めたくさんの植物が着生し、県内第3位の巨体に森を形成している。訪れた時は、治療中のため建築現場のような足場が組まれ、1300年の歴史に思いを馳せるには程遠い雰囲気だった。

上：静かな集落の小道を神社へ向かうと、頭一つ抜きん出た大クスが天高く見えている。

右下：発達した根は階段をもぶち壊す生命力なのだ。

左：足場という人工物がなかったら、とても平成の現代とは思えぬ雰囲気であっただろう。大きくぽっかり開いた主幹から、苦悶の叫びが聞こえてくるようであった。

樹種：クスノキ　樹齢1300年
国指定天然記念物
樹高25m　幹周り14m
所在地：肝属郡肝属町野崎・大塚神社
［地図⇩154ページ］

鹿児島県

塚崎の大クス

鹿児島県

南蛮船係留の大クス

根占《ねじめ》港の近く、雄川《おがわ》河口前で塩入橋の近くに立ち「塩入橋の大クス」とも呼ばれる。昔、雄川は現在よりも深く港として栄えた。唐や南蛮、琉球との交易で栄え、大きな船はこの大クスに縄を結び荷を上げ下げしたという。海とは逆に陸に向かって枝が伸びて成長したのは、台風などの強風のせいだろうか。長い年月、人の生活を目の当たりに見てきた、取り上げた中でも特有の歴史を持つ巨樹である。

上：風にたなびくリーゼントヘアのような面白い樹形。
下：海側から見たら、まるで背を向けているようにも見える。

樹種：クスノキ　樹齢600年
町指定天然記念物
樹高18m　幹周り9・4m
所在地：肝属郡南大隅町根占川北

鹿児島県

川辺の大クス

以前は国指定の天然記念物だったが、度重なる落雷に遭って主幹が3本に裂け、1本が枯死してしまった。根元には6畳程の空洞があり、樹上にはボウラン、コバノガマズミなどの植物が着生している。現在では県指定の保存樹として、「宮の大クス」と呼ばれ親しまれている。

左／左下：二つに裂けた部分を双方から支柱で支えられ、見るからに痛々しい。枝も高く伸びて成長しているため、台風対策などが心配される。

樹種：クスノキ　樹齢1200年　県指定天然記念物
樹高25m　幹周り16m
所在地：南九州市川辺《かわなべ》町宮・飯倉神社

鹿児島県

報国神社のアコウ

最近まで「信楽寺《しんぎょうじ》のアコウ」という呼称でアコウの部全国4位と紹介されてきた。市役所や地元の方に問い合わせた結果、隣接する信楽寺横の報国《ほうこく》神社の墓地内に立っているので呼称を変えてほしいとのことで変更記載した。また、2007年の測定再調査で全国1位のアコウの巨樹であることが判明した。アコウは耐寒性がなく紀州南部が生育の限界とされている。案内板によると、成長力旺盛で気根が蛇のように他の木々に絡みつき枯らせることから、別名「しめ殺しの木」と呼ばれる。昔、海上からよく目立ち船頭さんが航行の目安にしていたそうだ。

上：着生植物に被われたアコウの王者。小雨降りしきる日没後の撮影。日本一のアコウは、地域のシンボルとして愛され大切に保存されている。

下：気根というより奇根。薄暗い撮影の中、見ていると足元に這ってきそうで怖くなった。

樹種：アコウ　樹齢300年
樹高22m　幹周り14・6m
所在地：指宿市西方《にしかた》宮ケ浜

番外編①
幸招大楠

霧島神宮や霧島東神社（宮崎県高原町）などとともに霧島六社権現の一つに挙げられている東霧島《つまきりしま》神社。鳥居をくぐりしばらく歩くと、神門への階段の横にその名を聞くだけで会いたくなる大クスが立っている。大きく根上がりした中を右に左に3回くぐると、安産や病魔に強くなれるという。くぐった出口にある細い木が撮影をさえぎり、何とか広角レンズを使用して成功。次の目的地に向かう車内で一言、「あっ!!（自分が）くぐるの忘れてた!!」。

樹種：クスノキ　樹齢1000年
樹高30m　幹周り9・1m
所在地：宮崎県都城市高崎町東霧島
東・東霧島神社

上：幸福の予感――くぐった先に見えたものは？
左：みやざきの巨樹100選にも選ばれた堂々たる御霊樹。

広川町の大キリシマツツジ

本書で紹介した中で最も小さく、最も存在感のあるすばらしい樹木だった。花弁の一つ一つに全く傷みが見られず、真紅に輝くその姿は全国からツアーで来る人もいるほどの名木だった。

写真撮影後のわずか3カ月で水害に遭い、根は健在だがたくさんの枝を切り離すしかないほどの重症だったそうだ。本書すべての取材の中で最も長く滞在してしまった名木だった。残念!!

樹種：ツツジ　(元)町指定天然記念物
福岡県八女郡広川町

妙見の大ケヤキ

▽倒れた大ケヤキの跡から、早くも若い幹が伸びていた

隆盛を誇っていた当時は、町民に大きな木陰を提供していた大ケヤキだが、数年前にその生涯を終えた。人で言えば老衰、民家が密集する狭い通路に寝そべるように、車、家、歩行者に危害を加えることなく地響きをたてて倒れたそうだ。地域の方に伺うと、「皆に愛されてきたから、気を遣って怪我をさせないよう倒れたのだろう。神様はちゃんと見てるよ」と言われた。何とも心温まる人と巨樹とのお話だった。

樹種：ケヤキ　国指定天然記念物
熊本県上益城郡山都《やまと》町

■日本の巨樹ランキング TOP50

は九州分

順位	独特の呼称	幹周（m）	樹　種	所　在　地	保護指定	本書掲載頁
1	蒲生の大クス	24.22	クスノキ	鹿児島県蒲生町	国天（特別）	152
2	阿豆佐和気神社の大クス	23.90	クスノキ	静岡県熱海市	国天	
3	本庄の大クス	21.00	クスノキ	福岡県築城町	国天	
3	川古の大楠	21.00	クスノキ	佐賀県武雄市	国天	39
3	奥十曽のエドヒガン	21.00	エドヒガン	鹿児島県大口市	市天	148
5	衣掛の森	20.00	クスノキ	福岡県宇美町	国天	16
6	武雄の大クス	20.00	クスノキ	佐賀県武雄市	市天	36
8	柞原八幡宮のクス	18.50	クスノキ	大分県大分市	国天	72
9	隠家の森	18.00	クスノキ	福岡県朝倉市	国天	21
10	志布志の大クス	17.10	クスノキ	鹿児島県志布志市	国天	154
10	大谷のクス	17.10	クスノキ	高知県須崎市	国天	
12	縄文杉	16.10	スギ	鹿児島県上屋久町	国天（特別）	
13	老イチョウ	16.00	イチョウ	青森県百石町	町天	
13	川辺の大クス	16.00	クスノキ	鹿児島県南九州市	県天	161
15	三川の将軍スギ	15.95	スギ	新潟県阿賀町	国天	
16	湯蓋の森	15.70	クスノキ	福岡県宇美町	国天	14
17	天子のケヤキ	15.40	ケヤキ	福島県猪苗代町	県緑の文化財	
18	古屋敷の千本カツラ	15.33	カツラ	岩手県軽米町	町天	
19	上谷のクス	15.00	クスノキ	埼玉県越生町	県天	
19	葛見神社の大樟	15.00	クスノキ	静岡県伊東市	国天	
19	来の宮神社の大楠	15.00	クスノキ	静岡県河津町	国天	
19	玉取山の大カツラ	15.00	カツラ	愛媛県伊予三島市	県天	
23	杉の大杉	15.00	スギ	高知県大豊町	国天（特別）	
24	郡浦の天神クス	14.90	クスノキ	熊本県宇城市	県天	
25	三恵の大ケヤキ	14.72	ケヤキ	山梨県若草町	国天	
26	長泉寺の大イチョウ	14.70	イチョウ	岩手県久慈市	国天	
27	引作の大クス	14.40	クスノキ	三重県御浜町	県天	
28	清澄の大杉	14.15	スギ	千葉県鴨川市	国天	
29	法量のイチョウ	14.00	イチョウ	青森県十和田市	国天	
29	石徹白の大杉	14.00	スギ	岐阜県郡上市	国天（特別）	
29	志々島の大クス	14.00	クスノキ	香川県三豊市	県天	
32	塚崎の大クス	14.00	クスノキ	鹿児島県高山町	国天	158
33	白山神社のカツラ	13.90	カツラ	福井県大野市	県天	
33	塚崎の大クス	13.90	クスノキ	佐賀県武雄市	市天	38
35	小北川のカツラ	13.80	カツラ	高知県大川村	村天	
36	月瀬の大杉	13.79	スギ	長野県根羽村	国天	
37	弁慶杉	13.60	スギ	岐阜県恵那市	県天	
38	薬照寺の大カツラ	13.50	カツラ	新潟県南魚沼市	県天	
38	天地神社のクス	13.50	クスノキ	静岡県函南町	県天	
38	紀元杉	13.50	スギ	鹿児島県屋久島町	国天	
41	菩提寺の大イチョウ	13.48	イチョウ	岡山県奈義町	国天	
42	乳保神社の大イチョウ	13.42	イチョウ	徳島県上板町	国天	
43	十五社社の森	13.40	クスノキ	和歌山県かつらぎ町	県天	
44	杉之当の大杉	13.30	スギ	新潟県糸魚川市	県天	
45	寂心さんのクス	13.30	クスノキ	熊本県熊本市	県天	96
46	八村杉	13.30	スギ	宮崎県椎葉村	国天	128
47	清武の大クス	13.20	クスノキ	宮崎県清武町	国天	138
48	水屋神社の大クス	13.10	クスノキ	三重県松阪市	県天	
49	小林不動杉	13.00	スギ	山形県酒田市	町天	
49	太田の大栃	13.00	トチノキ	石川県白山市	国天	
49	郷島浅間神社のクス	13.00	クスノキ	静岡県静岡市	（無）	
49	雲立のクス	13.00	クスノキ	静岡県浜松市	市天	
49	但沼神社の大クス	13.00	クスノキ	静岡県清水市	県天	
49	糸崎神社のクス	13.00	クスノキ	広島県三原市	市天	
49	加茂の大クス	13.00	クスノキ	徳島県東みよし町	国天（特別）	
49	稲佐神社のクス	13.00	クスノキ	佐賀県白石町	県天	
49	松崎の大クス	13.00	クスノキ	長崎県島原市	県天	64
49	新田神社の大クス	13.00	クスノキ	鹿児島県川内市	市天	

＊旧環境庁が1988年に行った第４回自然環境保全基礎調査，巨樹・巨木林調査（別名，緑の国勢調査）を参考に，上位の50本を紹介（2009年４月現在の市町名に改め，一部表記を修正した）。
出典＝「日本の巨樹・巨木」http://www.kyoboku.com/

そして…旅はまだ続く…

九州の巨樹を巡ろう！と決意したのは、佐賀県の滝撮影の帰り道、武雄の大クスに立ち寄った時のこと。残暑厳しい夏の正午、汗ばむ中、風すら吹かない静かな森の中に凄む威圧感にすっかり翻弄され、魅了されてしまいました。同行した妻は、「滝に比べると音がない世界」と言います。確かに、動くこともしゃべることもなくじっとしているのですが、生きているのです。特に樹齢１０００年クラスの老木に出合った時は、五感で何かを感じることが多々あります。

「村吉の天神さん」（102ページ）を訪れた時のこと。村吉小学校跡地に立つこの木は大人の背丈ほども根上がりしており、当時の小学校の生徒たちの恰好の遊び場であったといいます。撮影中、そよぐ風が周りの竹林を揺らし精霊たちの声に聞こえ、不思議な感覚を覚えたことを思い出します。

さて、今回の九州の旅も様々な出会いがありました。宮崎県高鍋では、大クスの治療中にもかかわらずご親切に治療跡を見学させていただき、情報まで下さった樹木医の高橋先生。熊本県菊池市では、初対面の私たち夫婦に「今日お二人で我が家に泊まっていきなさいよ」とおっしゃった学校の先生。その後、夕暮れ時に訪れた妙蓮寺では、撮影中にお茶やお茶菓子までいただき恐縮しました。宮崎県大坪の一本桜前でお会いした画家の弥勒祐徳先生。福岡市で開催された先生の個展では声も出ないほどの感動をいただきました。熊本県の藤崎台球場では、撮影の意図をご理解いただき球場内までご案内下さった葵さん、南阿蘇では「高森殿《たかもりどん》のスギ」（116ページ）の場所が分からず、山頂で立ち往生していた時に「千本桜まつりで観光課の方が誰もいないから」と、道案内に来ていただいた税務課の職員さん、福岡県広川町の大キリシマツツジ（164ページ）では、丹精こめて育て上げた国武さんの心意気に惹かれ3時間も滞在、その後この樹は残念な結果になりましたが、また蘇ってくれることを願ってやみません。皆さんのご親切、心より有難うございました。

今回も撮影の長旅、２００８年のリッター180円超という高燃費に文句も言わず（?）すべて同行し補佐してくれた妻ゆり香、巨樹のサイズ感がつかめるようにとモデルを務めてくれた家族たちに感謝。そして、『九州の滝』に続き、あ・うんの呼吸でご担当いただいた別府大悟編集長と海鳥社の皆さんに心より感謝申し上げます。

最後に、この2年の撮影期間に天国に旅立った両親に、ありがとう……心をこめてこの本を捧げます。

２００９年5月

熊本広志

熊本広志（くまもと・ひろし）

1955年，北九州市に生まれる。

1994年，“九州の水風景”をテーマに滝撮影を開始。

2005年，「神宿る 九州の名瀑」写真展
2007年，『九州の滝 ── 100の絶景』（海鳥社）出版。同書出版記念写真展。“九州の森と命”をテーマに巨樹撮影を開始。

2008年，「九州の滝 ── 100の絶景 2008」写真展。

2009年，『九州の巨樹 ── 100の絶景 2』出版。同書出版記念写真展。

福岡市在住

九州《きゆうしゆう》の巨樹《きよじゆ》
100の絶景《ぜつけい》 2

■

2009年5月27日　第1刷発行

■

著者　熊本広志
発行者　西　俊明
発行所　有限会社海鳥社
〒810-0074 福岡市中央区大手門3丁目6番13号
電話 092(771)0132　FAX 092(771)2546
http://www.kaichosha-f.co.jp
印刷・製本　大村印刷株式会社
ISBN978-4-87415-728-2
［定価は表紙カバーに表示］